Jesus Cristo

BISPO MANOEL FERREIRA

JESUS CRISTO

O MAIOR PERSONAGEM DA HISTÓRIA

Rio de Janeiro
Editora Betel
2016

© 2016 Editora Betel
Todos os direitos reservados.
Nenhuma parte desta publicação pode ser reproduzida ou transmitida, em qualquer meio (eletrônico, fotográfico e outros), sem prévia autorização por escrita do editor.
A violação dos direitos autorais é crime estabelecido na lei nº 9.610/98 e punido pelo artigo 184 do Código Penal.

Revisão: Felipe Gomes Cipriano
Projeto Gráfico e Capa: Anderson Rocha
Editoração Eletrônica: Jeffrey Gonçalves
Categoria: Vida Cristã
ISBN: 978-85-8244-039-1

1ª Edição: maio/2016

Editora Betel
Rua Carvalho de Souza, 20 - Madureira
21350-180, Rio de Janeiro, RJ
Telefone: 21 3575-8900
E-mail: comercial@editorabetel.com.br
Site: www.editorabetel.com.br
f/EditoraBetel

Agradecimentos

Aos meus exemplares pais, Pedro e Otília (in memoriam).

À minha dedicadíssima e amada esposa, Irene.

Aos meus queridos e obedientes filhos, Wagner, Magner, Abner, Vasti e Samuel.

Aos meus netos, herança do Senhor.

Às lideranças e ministros de nossa querida convenção CONA-MAD.

Aos ministros das demais igrejas evangélicas e aos irmãos em Cristo Jesus.

Aos amigos, colaboradores e a todos que me incentivaram nesta vida de trabalho.

A todos aqueles que, direta ou indiretamente, contribuíram para que este livro nascesse.

Ao Rei dos séculos, imortal, invisível, ao único Deus sábio, seja honra e glória para todo o sempre.

SUMÁRIO

Prefácio 9

Apresentação 11

Introdução 13

I. O Verbo se fez carne 15

II. O carpinteiro escultor de almas 25

III. Jesus, a verdade personificada 37

IV. A poderosa Palavra do Mestre 43

V. Quem é este? 47

VI. O inexplicável Jesus 53

VII. O que faço agora não entendes, mas saberás depois 59

VIII. Remendos, odres e vinho novo 67

IX. O solo e a semente 79

X. O lugar onde a justiça de Deus se manifesta 87

XI. Então virá o fim... 95

XII. O mistério da crucificação 107

XIII. O mesmo Jesus 119

Referências Bibliográficas 127

PREFÁCIO

O JESUS QUE atraiu multidões era único. Quando Ele ensinava, Deus ensinava. Quando falava, Deus falava. Suas palavras não foram palavras de um homem comum, eram as palavras do prório Deus. Seus ensinos eram revelações de um Deus que veio à Terra para dialogar face a face com os homens (Mt 13.17).

As palavras de Cristo são mais lidas, mais citadas, mais amadas, mais cridas e mais traduzidas porque são as maiores palavras já pronunciadas. Sua grandeza repousa na espiritualidade absoluta e lúcida que se manifesta ao tratar de maneira clara, definida e com autoridade, os maiores problemas que angustiam o coração humano.

Todas as perfeições da alma, do espírito e do caráter reuniram-se naquela rica natureza de Jesus. Ele é verdadeiramente a obra-prima de Deus! Jesus não possuía mancha, nem qualquer imperfeição. Só em Cristo imperava todas as virtudes de um homem ideal. Deus poderia ter suscitado em diferentes épocas muitos desses exemplos vivos de uma humanidade santificada, para corrigir, instruir e aperfeiçoar o mundo, mas não o fez. O que torna Jesus um caso único, inigualável e eterno. Cristo é a luz que jamais será ofuscada com o passar dos anos.

Os feitos sobrenaturais de Cristo comprovam a pessoa sobrenatural que Ele era. O caráter das obras atribuídas a Ele, o bem que elas fizeram, as limitações com que foram realizadas, tudo isso está em plena harmonia com a manifestação e atuação da pessoa tão milagrosa e sobrenatural que se vê em Jesus. Foram realizados sem qualquer ostentação, com tanta simplicidade e facilidade, que foram simplesmente chamados de Suas obras. Sua palavra comprovava a qualidade de homem que Ele era. Ninguém jamais falou como esse homem. Os sistemas de sabedoria humana surgem e desaparecem, os reinos e impérios se levantam e caem, mas por toda a eternidade Cristo permanecerá sendo o caminho, a verdade e a vida.

É com bastante alegria e satisfação que tenho a honra de prefaciar o livro "Jesus, o maior personagem da história", do Bispo Dr. Manoel Ferreira. Ao longo de treze capítulos, o autor, com maestria e destreza, destaca Jesus, o Filho de Deus, como maior personagem da história que já existiu. A obra é surpreendente e traz um grande enriquecimento espiritual para aqueles que desejam aprender mais sobre Jesus. Que, através dessa leitura edificante, você seja ricamente abençoado!

Pr. Abner Ferreira

Apresentação

JESUS FOI muito mais do que um simples personagem histórico. NEle habitou corporalmente toda a plenitude da divindade (Cl 2.9). Os ensinos de Jesus foram finais, absolutos. Ele jamais reconsiderou ou revisou algo que disse. Jamais se retratou e jamais mudou. Jamais deu palpites ou falou com alguma dose de incerteza. Nunca homem algum falou assim como este homem (Jo 7.46).

A pureza autoconsciente de Cristo surpreende por ser totalmente diferente de qualquer experiência cristã. Todo cristão sabe que, quanto mais se aproxima de Deus, mais indigno e consciente do pecado se torna. Mas Jesus nunca teve essa sensação. Jesus viveu junto a Deus mais intimamente do que qualquer ser humano e esteve livre de qualquer sentimento de pecado (Hb 4.15). Jesus não teve qualquer sentimento de culpa, que acompanha a natureza pecaminosa.

O que torna Jesus Cristo um personagem especial na história é o fato de estar isento de qualquer pecado pessoal. Ele não poderia participar da natureza humana, preso à maldição e ao domínio do pecado, como acontece com todos os outros filhos dos homens. Se nEle houvesse qualquer pecado, isso revelaria uma insensibilidade moral em contraste irreconciliável com o discernimento moral que Seus ensinos revelam. Para, na prática, estar livre de pecados, deveria primeiramente ser uma pessoa sem pecados na Sua própria natureza. É fato comprovado que Cristo foi concebido por um ato divino e sobrenatural e isso torna Jesus um ser santo e diferente de todos os que já nasceram de mulher (Lc 1.35).

Em Sua humanidade, Cristo nos revela como Deus nos ama e nos compreende. Cristo veio à Terra conviver conosco. Sentiu fome, sede, tristeza, dor e foi em tudo tentado (Hb 4.15). Nisto se revela a grandeza de Deus, que forma o homem, conhece todas as suas limitações, problemas e convive com ele, dando-se a conhecer de forma simples e maravilhosa.

Com muito prazer que lhe convido a meditar com afinco sobre este magnífico Jesus nas próximas páginas. Deus te abençoe!

Pr. Samuel Ferreira

Introdução

JESUS CRISTO foi um mestre de imensa popularidade e, mesmo sendo de simples aparência, multidões o seguiam e se espremiam para ouvir Seus ensinamentos e receber Seus milagres. Isso foi notório por onde passou. Até mesmo as autoridades mais notáveis de Jerusalém, a elite política e religiosa de Israel, se faziam presentes para ouvir os ensinamentos do filho de um carpinteiro, oriundo da insignificante cidade de Nazaré. Todo público presente tinha em mente a mesma pergunta: "Quem é esse?".

Um dos grandes dilemas da humanidade está em aceitar que o filho de uma plebeia, que trabalhou até os trinta anos como carpinteiro, seja denominado como o Salvador do Universo. Mas, se Deus se tornou homem, a quem ou a que Ele seria semelhante? A maneira como Jesus entrou no mundo de forma incomum, realizou ações sobrenaturais e viveu sem pecados, foi a causa desta impressão duradoura e universal. Deus veio à Terra na pessoa de Jesus Cristo e em Jesus vemos a manifestação dos atributos de Deus.

Jesus ainda é um enigma para muitas pessoas. Até os mais sábios eruditos se perguntam quem realmente foi esse homem. A pergunta feita por ele mesmo ainda ressoa: "Que dizem os homens ser o Filho do homem?". Todos os historiadores aceitam o fato de que Jesus existiu e foi um judeu da Galileia que viveu e ensinou durante o século I. Personagem forte, Sua vida transcende a história e o que mais impacta é a influência continua a exercer sobre nós hoje.

Como homem, Jesus é uma pessoa inteiramente diferente, singular. Movimentou o mundo como ninguém antes ou depois dEle. A Enciclopédia Britânica utiliza 20.000 palavras para descrever a pessoa de Jesus. Sua descrição ocupa mais espaço que as biografias de Aristóteles, Júlio César, Buda, Confúcio, Maomé ou Napoleão, entre outros. Sobre nenhum outro se escreveu mais do que sobre Ele.

Ninguém foi mais odiado ou mais amado; combatido ou também mais louvado. Sobre nenhum outro foram feitas tantas obras de arte, hinos, poemas, discursos e compêndios. Diante dEle se dividem as opiniões. Uns O odeiam, outros testemunham que suas vidas foram radicalmente mudadas e preenchidas de esperança. Não é possível imaginar a história humana sem Jesus. O mundo jamais foi o mesmo desde Sua chegada. Ele é, sem dúvida, o maior personagem da história.

Bispo Manoel Ferreira

I

O VERBO SE FEZ CARNE

"E o Verbo se fez carne e habitou entre nós, e vimos a sua glória, como a glória do unigênito do Pai, cheio de graça e de verdade." (Jo 1.14)

"No princípio, era o Verbo, e o Verbo estava com Deus, e o Verbo era Deus. Ele estava no princípio com Deus. Todas as coisas foram feitas por ele, e sem ele nada do que foi feito se fez." (Jo 1.1-3)

JOÃO AFIRMA que Jesus Cristo é o Verbo, a Palavra, o próprio Deus que se manifestou em carne aos seres humanos. O termo grego usado para Verbo é "Logos", e a tradução mais perfeita para esse termo é "pensamento, ou ideia". Ou seja, tudo o que Deus pensou estava em Jesus Cristo. Ele é a soma de todos os pensamentos de Deus. Para o autor do Livro da Sabedoria, a Sabedoria era o Poder Eterno, Iluminador, Criador e Deus; a Sabedoria e a Palavra eram uma e a mesma coisa. Os instrumentos e agentes de Deus na criação foram a Sabedoria e a Palavra e são elas quem sempre trazem ao coração e a mente dos homens a vontade de Deus.

Ao ler o evangelho de João somos levados a pensar que o autor havia se aproveitado de uma corrente bem conhecida no mundo helenista e, a partir dela, expressar profundas verdades concernentes à pessoa de Jesus Cristo, o Verbo encarnado. João procurava uma forma de apresentar o cristianismo e encontrou a ideia da palavra dentro de sua própria fé e na tradição de seu próprio povo. A palavra comum que, em si mesma, não é um mero som, e sim algo dinâmico, a Palavra de Deus, mediante a qual Deus criou o mundo.

HERÁCLITO DE ÉFESO E A IDEIA DO LOGOS

João não tinha problemas em apresentar o cristianismo ao mundo judeu, mas sim em apresentá-lo ao mundo grego. Como, então, adequava-se esta ideia da Palavra ao pensamento grego? No pensamento grego, a ideia da palavra estava ali, esperando o momento de emergir. Essa ideia da palavra começou ao redor do ano 560 a.c., em Éfeso, onde também se escreveu o quarto evangelho. No ano 560 a.c., havia em Éfeso um filósofo chamado Heráclito. Sua ideia fundamental era que tudo neste mundo está em um estado de movimento contínuo. Tudo muda dia a dia e momento a momento.

Para Heráclito, era impossível banhar-se duas vezes no mesmo rio. Alguém se banha uma vez; sai; volta-se a banhar; mas o rio não é o mesmo, porque as águas correram e é um rio diferente. Para ele, todas as coisas eram assim, tudo estava em um estado de fluxo constante. Mas, se for assim, por que a vida não é um caos total? Como pode ter algum sentido um mundo no qual há um fluxo e uma mudança constante, ininterrupta e contínua? A resposta de Heráclito era: toda esta mudança e este fluir não acontecem por acaso; estão controlados e ordenados; seguem um esquema contínuo o tempo todo; e o que controla o esquema é o Logos, a palavra, a razão de Deus. Para Heráclito, o Logos, a palavra, era o princípio de ordem sob o qual o universo continuava existindo.

Heráclito sustentava que não só havia um modelo no mundo físico; também há um modelo no mundo dos eventos. Sustentava que nada se move sem sentido, que em toda vida e em todos os eventos da vida há um propósito, um plano, um esquema e um intuito. E o que é o que controla os eventos? Uma vez mais, a resposta é: o poder que controla é o Logos, a palavra, a razão de

Deus. Mas Heráclito aprofundava ainda mais o assunto. O que é o que nos diz, a cada um, qual é a diferença entre o bem e o mal? O que é o que faz possível que pensemos e raciocinemos? O que é o que nos permite escolher em forma correta e reconhecer a verdade quando a vemos? Mais uma vez Heráclito nos dá a mesma resposta:

"O que dá ao homem a razão e o conhecimento da verdade e a capacidade de julgar e discernir entre o bem e o mal é o Logos, a palavra, a razão de Deus que habita em seu interior".

Heráclito sustentava que no mundo da natureza e dos eventos "todas as coisas acontecem segundo o "Logos", e que no homem individual "o Logos é o juiz da verdade". Para Heráclito o Logos não era menos que a mente de Deus que controla este mundo e a cada homem em particular. Uma vez que os gregos descobriram esta ideia, não a deixaram escapar. Fascinava-os. E, de maneira especial os estóicos, sempre maravilhados diante da ordem deste mundo. A ordem sempre implica uma mente. Em qualquer lugar que haja ordem, acerto, intuito e modelo, deve haver uma mente que projetou e controla essa ordem.

Os estóicos perguntavam:

"O que é o que faz com que as estrelas se mantenham em seu curso? O que faz com que as marés subam e baixem? O que faz com que o dia e a noite ocorram em uma ordem inalterável? O que faz com que as estações cheguem no momento indicado?"

E respondiam:

"Todas as coisas estão controladas pelo Logos, a palavra, a razão de Deus".

O Logos é o poder que dá sentido ao mundo, o poder que faz com que o mundo seja uma ordem e não um caos. O poder que pôs em movimento o mundo e que o mantém em um movimento perfeito. "O Logos", diziam os estóicos: "domina todas as coisas".

FILO, O FILÓSOFO JUDEU, E A INTERPRETAÇÃO DO LOGOS

Havia em Alexandria um judeu chamado Filo. Tinha dedicado sua vida a estudar a sabedoria de dois mundos: o judeu e o grego. Nenhum outro homem conheceu as escrituras judaicas como Filo as conhecia e nenhum judeu conhecia como ele a grandeza do mundo grego. Ele também conhecia, empregava e amava esta ideia do Logos, a palavra, a razão de Deus. Sustentava que o Logos era a coisa mais antiga que existia no mundo e que era o instrumento mediante o qual Deus tinha feito o mundo. Dizia que o Logos era o pensamento de Deus impresso sobre o universo.

Filo falava do Logos pelo qual Deus fez o mundo e todas as coisas. Dizia que Deus, piloto do universo, sustenta o Logos como o volante de um leme e com ele dirige todas as coisas. Dizia que na mente do homem também está estampado o Logos, que o Logos é aquilo que dá ao homem a razão, o poder de pensar e o poder de conhecer. Dizia que o Logos é o intermediário entre o mundo e Deus, entre o criado e o incriado, que o Logos é o sacerdote que apresenta a alma a Deus.

O pensamento grego conhecia, pois, tudo referente ao Logos. Via no Logos o poder criador e diretor de Deus, o poder que fez o universo e que o mantém em movimento. De maneira que João chegou aos gregos e disse:

> *"Durante séculos, vocês pensaram, escreveram e sonharam sobre o Logos, o poder que fez o mundo, o poder que mantém a ordem do mundo, o poder mediante o qual os homens pensam, racioci-*

nam e conhecem, o poder através do qual ficam em contato com Deus. Jesus é esse Logos que veio à terra. "A Palavra", o Verbo que se fez carne, a mente de Deus se converteu em uma pessoa."

João se dirigiu tanto aos judeus como aos gregos para dizer que Jesus Cristo, a mente de Deus criadora, iluminadora, controladora, sustentadora, tinha vindo à Terra. Veio para dizer que os homens já não necessitam fazer conjeturas e procurar provas; que tudo o que deviam fazer era olhar a Jesus e ver a Mente de Deus. Ao dizer que Jesus é o "Logos", estamos afirmando que, a um só tempo, Jesus é a Palavra, a comunicação que Deus faz de Si mesmo, como também que é Ele a razão, o pensamento, a inteligência que tudo sustenta, que tudo ordena, que tudo organiza.

JESUS, O LOGOS, E SUA RELAÇÃO COM DEUS, O MUNDO E OS HOMENS

Acerca de Jesus, João afirma:

"No princípio, era o Verbo." (Jo 1.1)

O termo grego usado por João é "arché", cujo significado é "princípio", "origem", "início". As investigações filosóficas começaram na Grécia quando os pensadores passaram a querer descobrir qual era o "princípio" (a "arché") de todas as coisas. João, inspirado pelo Espírito Santo, mostra, claramente, que o "princípio" é o Verbo, o Verbo que estava com Deus, o Verbo que é o próprio Deus. Quando consideramos Jesus como o Verbo, estamos afirmando que Ele é a expressão única da personalidade divina à criação, é o único meio pelo qual podemos ter acesso a Deus.

Jesus é a pessoa divina que faz a ponte, a comunicação, a apresentação de Deus à criação. Não há ninguém no universo constituído de tal aproximação que seja capaz de apresentar a plenitude e a intimidade do Pai como Ele. Ninguém pode ter acesso a Deus a não ser por Cristo (Jo 14.6b). Moisés, o legislador, era íntimo de Deus, todavia, somente pôde vê-lo pelas costas. Jesus é o único que pode nos apresentar tal plenitude. Tudo o que precisamos fazer é conhecê-Lo (Jo 14.7).

O evangelista descreve o "Logos" em relação ao princípio (Gn 1.1). Toda obra criadora começa no Gênesis e foi feita por intermédio da Palavra criadora de Deus e que este princípio se deu pela existência do "Logos" (Hb 11.3; Cl 1.17). João afirma que antes de todas as coisas serem criadas, o "Logos" (Jesus) já existia, era anterior a todas as coisas, era eterno. João afirma que Jesus é este princípio absoluto, no qual os gregos buscavam as respostas para os mais profundos questionamentos de suas almas.

João também diz que "todas as coisas foram feitas por Ele. Quais coisas? Todas as coisas em particular, até mesmo, a mais insignificante das coisas existentes, por Ele foi criada. Ele é o princípio ordenador de todas as coisas, a razão de tudo, o "Logos". Ele é o princípio, a origem, o início de tudo quanto foi criado.

João afirma que o "Logos" (Jesus) não só é o Criador de todas as coisas, mas a própria fonte de vida. Vida esta que é a "luz dos homens" (Jo 1.4). Como o Verbo é a luz, faz com que o homem veja (Mt 6.22-24), permite ao homem que enxergue, que tenha condições de conhecer a realidade do Seu Criador. Sendo Jesus a luz dos homens, Ele faz com que toda a humanidade seja capaz de distinguir e ver claramente quem é Deus e qual é o Seu propósito em cada vida. Jesus veio ao mundo para dissipar as trevas de nossa ignorância quanto à pessoa de Deus. Ele é a luz de todas as nações (Is 60.1-3).

Entre os israelitas, houve a assimilação da palavra grega "Logos" como a tradução da palavra hebraica "dãbhar". No Salmo 33.6, o salmista afirma que "pela palavra do Senhor foram feitos os céus e todo o exército deles pelo espírito de Sua boca". Temos, então, no salmista, o mesmo pensamento dos textos neotesta-mentários mencionados e "palavra" é, ali, "dãbhar", que tem o sig-nificado "estar por detrás e seguir em frente" ou, ainda, "seguir adiante com o que está por detrás", que é, basicamente, "falar", ou seja, "deixar as palavras seguirem uma após a outra". "Dãbhar" não significa apenas "palavra", mas também "ação". Subentende-se que "Jesus é mais do que a expressão falada: Ele é Deus em ação, criando (Gn 1.3), se revelando (Jo 10.30) e salvando (Lc 19.10).

O VERBO ENCARNADO, UM PRIVILÉGIO PARA TODA A HUMANIDADE

O Verbo entre os homens manifestou tanto o conhecimento quanto a sabedoria pura e refinada do Criador. Estar ao lado do Verbo encarnado foi um privilégio que pouquíssimos homens pu-deram ter (Mt 13.17). A graça manifestada por Cristo apresenta a bondade e amor de Deus para o mais vil e mais terrível pecador. A verdade que emana de Seus lábios é capaz de produzir a mais incrível de todas as transformações.

Em Cristo, o terrível pecador tranforma-se em santo adorador. Enquanto a escuridão ameaça surpreender os homens, Cristo é a luz que impulsiona os seres humanos para fora das trevas da mal-dade e da ignorância. João torna claro que as coisas que foram fei-tas por Ele, tambem nEle terão vida (Jo 1.4). Ele é a luz verdadeira que ilumina a todo homem que vem ao mundo (Jo 1.9).

Tornando-se carne, "a Palavra" tornou-se visível, audível e pal-pável a testemunhas oculares na terra (Mc 5.27-28). Desta forma, os homens podiam ter contato e associação direta com "a Palavra da Vida" (1Jo 1.1-2).

O VERBO ABRIU A PORTA AO INACESSÍVEL

"Deus nunca foi visto por alguém. O Filho unigênito, que está no seio do Pai, este o fez conhecer." (Jo 1.18)

Antes da revelação de Jesus Cristo, o homem deveria apresentar-se a Deus com cerimoniais. A habitação santa e secreta de Deus jamais havia sido apresentada ao homem. Deus, agora em carne, veio à Terra, pessoalmente, falando aos homens. Só existe um modo de explicar porque esses homens deixaram tudo para trás, jamais foram os mesmos e deram suas próprias vidas pelo testemunho de Jesus: Deus revelou-se em pessoa para eles (1Jo 1.1). Cristo tornou possível o acesso ao conhecimento das coisas celestiais. Agora, a luz é revelada, manifestada, recebe um nome, aparece na altura da compreensão humana. Infelizmente, pessoas que andavam encobertos pelas trevas não o puderam contemplar (Jo 1.5). O "Logos" veio a fim de aproximar Deus dos homens, e, finalmente, a fim de entregar os homens de volta a Deus, ao ponto em que os homens viessem a participar dessa mesma essência divina.

LOGOS, O AGENTE DE DEUS EM AÇÃO

O agente de Deus no ato da criação foi a Sua Palavra. Ele deu ordens e as coisas foram criadas. O método que Deus usou na criação foi o poder da Sua Palavra. Repetidas vezes está declarado: "E disse Deus..." (Gn 1.3, 6, 9, 11, 14, 20, 24, 26). O escritor aos Hebreus disse: "Pela fé, entendemos que os mundos, pela Palavra de Deus, foram criados; de maneira que aquilo que se vê não foi feito do que é aparente." (Hb 11.3). Deus se expressa através da Sua Palavra, pois, Ela é uma extensão da Sua Personalidade investida de autoridade (Dt 12.32; Sl 103.20).

O capítulo 11 do evangelho de João apresenta um dos milagres mais fantásticos do Novo Testamento: a ressurreição de Lázaro. Com apenas uma Palavra, Jesus anulou tanto o poder da morte quanto o poder da eternidade (Hb 9.27). Sendo Ele o "Logos" pelo qual tudo passou a existir, fica bem claro que nem a morte ou força alguma que rege o universo pode ser contrária à Sua voz de comando. Tal poder se exalta no momento em que, cientificamente, os órgãos de Lázaro, totalmente em decomposição, tornam-se como novos ao ouvir a palavra que sai de Sua boca.

A afirmativa de João: "Todas as coisas foram feitas por Ele" (Jo 1.3), ganha um sentido mais amplo nas passagens onde Jesus, apenas com uma simples Palavra, opera milagres inacreditáveis, como, por exemplo: uma figueira ao ouvir o som de Sua voz seca-se imediatamente (Mt 21.18-22); quando Ele ordena em meio à tempestade para que o vento e o mar se aquietem (Mc 4.35-41); quando o mar se transformou em uma passarela para que Sua majestade desfilasse (Mc 6.45-56). Enquanto os homens não puderam entender, a natureza, sem dúvidas, reconhecia a voz de Seu Criador.

> *"Porque, assim como desce a chuva e a neve dos céus, e para lá não tornam, mas regam a terra e a fazem produzir e brotar, e dar semente ao semeador, e pão ao que come, assim será a palavra que sair da minha boca; ela não voltará para mim vazia; antes, fará o que me apraz e prosperará naquilo para que a enviei." (Is 55.10-11).*

Hoje podemos comprender com clareza o que disse o profeta Isaías acerca de Deus. Essa palavra que não volta vazia não é a do pregador, é a do Senhor. É interessante notar que o profeta principia com os pensamentos de Deus, o "Logos", e diz que Sua Palavra não voltará vazia. Jesus realmente não voltou vazio. Ele é essa Palavra que saiu da boca de Deus, que veio ao mundo para que a luz divina resplandecesse.

O próprio Isaías disse um pouco antes:

> *"Ele verá o fruto do trabalho da sua alma, e ficará satisfeito" (Is 53.11). Ele não voltou vazio.*

Em Lucas 11.31, Jesus afirmou aos homens de Sua época que uma mulher havia feito uma longa e cansativa viagem em busca de respostas para as interrogações de sua alma. Salomão não a desapontou e lhe respondeu a todos os seus questionamentos (1Rs 10.1-3). Agora, diante dos homens, Ele diz: "Aqui está quem é maior do que Salomão". Jesus estava dizendo que eles não precisavam ir longe, pois a sabedoria que tudo é capaz de responder estava ao lado deles. Esta palavra também se estende a cada um de nós. Somente Jesus tem as palavras de vida eterna (Jo 6.68).

Cristo é, sem dúvidas, o maior privilégio que a humanidade já pode receber. Sendo Ele o princípio de todas as coisas e a razão pela qual tudo passou a existir, é de suma importância caminhar em direção a Ele em busca de orientação, sabedoria e conhecimento. Suas Palavras ainda ecoam através dos séculos a nos dizer:

> *"Eu sou o caminho, e a verdade, e a vida" (Jo 14.6).*

II

O CARPINTEIRO ESCULTOR DE ALMAS

"E todos lhe davam testemunho, e se maravilhavam das palavras de graça que saíam da sua boca, e diziam: Não é este o filho de José?" (Lc 4.22)

"E, chegando o sábado, começou a ensinar na sinagoga; e muitos, ouvindo-o, se admiravam, dizendo: De onde lhe vêm essas coisas? E que sabedoria é esta que lhe foi dada? E como se fazem tais maravilhas por suas mãos? Não é este o carpinteiro, filho de Maria e irmão de Tiago, e de José, e de Judas, e de Simão? E não estão aqui conosco suas irmãs? E escandalizavam-se nele. E Jesus lhes dizia: Não há profeta sem honra, senão na sua terra, entre os seus parentes e na sua casa. E não podia fazer ali obras maravilhosas; somente curou alguns poucos enfermos, impondo-lhes as mãos. E estava admirado da incredulidade deles. E percorreu as aldeias vizinhas, ensinando." (Mc 6.2-4).

ATRAVÉS DOS séculos, a humanidade tem se dividido a propósito desta questão: "Quem é Jesus?" Por que tanto atrito em torno de um indivíduo? Por que é que este nome, mais que qualquer outro nome de qualquer outro guia religioso, suscita tanto conflito? Por que é que quando se fala a respeito de Deus, ninguém se perturba, mas basta mencionarmos o nome de Jesus e as pessoas logo querem encerrar a conversa? Ou então se colocam na defensiva. Por que é que, em se tratando de Jesus, a situação difere da de outros líderes religiosos? Por que os nomes de Buda, Maomé ou Confúcio não "agridem" as pessoas? A razão é que estes outros homens não declararam que eram Deus, e Jesus o fez. É este ponto que o torna tão distinto dos outros guias religiosos.

Não demorou muito para que o povo reconhecesse que Jesus fazia declarações contundentes a respeito de si mesmo. Logo ficou claro para seus ouvintes que suas proclamações o identificavam não apenas como um novo profeta ou mestre, mas como um homem que era mais que isso. Ele fazia alusões claras à Sua divindade. Estava-se apresentando como a única via de ligação que possibilitava um relacionamento do homem com Deus, o único recurso para o perdão dos pecados e o único caminho para a salvação.

De modo geral, procuramos Deus no espetacular, no sobrenatural e no extraordinário. Parece-nos de pouca dignidade encontrá-lo no simples e habitual, no normal e não vistoso. Segundo os relatos bíblicos, a verdadeira dificuldade para acolher o Filho de Deus não foi a Sua grandeza extraordinária ou o Seu poder subjugante, mas precisamente o encontrar-se com "um carpinteiro", filho de uma plebeia, membro de uma família insignificante (Mt 13.55). A encarnação de Deus num carpinteiro faz-nos ver, porém, a simplicidade de um Deus que não é um exibicionista, mas um Deus discreto, humilde e compassivo.

Quando Jesus foi a Nazaré, Ele fez o inusitado, colocando-se em uma prova severa. Ele estava indo para o lugar onde havia crescido. Ninguém tinha críticas mais severas do que aqueles que O conheciam desde a infância. Todos ficaram escandalizados por um homem com a formação de Jesus falar e fazer o que Ele falava e fazia. A familiaridade, de fato, provocou o desprezo. Eles se recusaram a ouvir o que Ele dizia e a única reação que tiveram foi a de perguntar:

"Não é este o carpinteiro?" (Mc 6.3)

O VERSADO CARPINTEIRO DE NAZARÉ

A linguagem de Seus lábios impressionava os ouvintes, que se contavam aos milhares. Em agricultura, falava das sementes, do solo e da colheita. Em meteorologia, referia-se à previsão do tempo e foi o único meteorologista de todas as épocas que conseguiu realmente controlar as condições atmosféricas. Ele falou sobre pérolas de inapreciável valor e do testemunho das rochas. Versou sobre os mais variados assuntos, tais como: relações humanas, política, leis, economia, finanças, histórias, etc., e a reação de Seus ouvintes era:

"Nunca homem algum falou assim como este homem." (Jo 7.46)

A força espiritual de Sua personalidade expressava-se naquilo que dizia e cativava Seus ouvintes. Por essa razão, não nos surpreendemos com o fato de que essa singularidade de Cristo tenha causado impacto (Jo 7.46). A simplicidade e a atração, e ao mesmo tempo a profundidade, a objetividade, a universalidade e a veracidade de Seus ensinos marcaram profundamente Seus ouvintes e neles despertaram a convicção de que estavam na presença de um Mestre nunca antes conhecido.

A palavra grega equivalente a "carpinteiro" é "tekton". Significa artífice, artesão. É a palavra de onde vem o termo português técnico. Era comum no mundo antigo, nas aldeias e nos vilarejos a presença de um técnico, um carpinteiro, um tekton, que fazia todo tipo de trabalho em madeira para as pessoas da cidade. O tekton era capaz de construir qualquer coisa. Era o tipo de homem a quem se pedia para levantar uma parede, consertar um portão ou um telhado. Ele era um artesão, um faz-tudo, que, com as ferramentas mais simples, era capaz de realizar quase qualquer trabalho. Esse era o tipo de homem que Jesus era em Nazaré.

COMO CRER EM UM DEUS QUE HAVIA SE TORNADO TÃO SIMPLES

Quando Jesus foi a Nazaré, a cidade onde viveu, Ele queria que Seus vizinhos e amigos experimentassem o que os habitantes de outras localidades estavam descobrindo (Mt 13.54). Ele desejava que o poder de cura, perdão, restauração e esperança, que haviam sido demonstrados tão claramente em outros vilarejos, fossem também conhecidos em Nazaré. Ele não se apresenta como um "tekton", e sim, como um "mestre". Ele veio rodeado de discípulos, sem ferramentas, totalmente diferente do Jesus que aquele povo conheceu e viu ali crescer. Foi difícil para eles, como é para muitos até o dia de hoje, aceitar que aquele simples carpinteiro fosse a pessoa do próprio Deus (Mt 13.58; Mc 6.3).

Em Nazaré, mais do que em qualquer outro lugar, a reação apresentada à pregação de Jesus foi de rejeição e repúdio (Mc 6.1-6). A rejeição em Nazaré era mais consciente, específica, a ponto do próprio Jesus "admirar-se da incredulidade deles" (Mc 6.6), e dizer: "que nenhum profeta é bem recebido na sua própria terra" (Lc 4.24). A razão principal da rejeição sofrida por Jesus em Nazaré foi não ter correspondido às expectativas de Seus conterrâneos. Eles esperavam um Messias mais sensacional e não apenas o filho de José, o carpinteiro (Lc 4.22; Mc 6.3). Era muito difícil para eles acreditar que Deus fosse aquele menino que viram crescer durante toda infância pelo vilarejo. Deus trabalha com coisas loucas para confundir as sábias (1Co 1.27).

A ARTE DA CARPINTARIA

Na época em que Jesus viveu, as profissões não tinham equivalência às dos nossos dias. Ainda não tinham surgido as profissões de arquiteto nem de engenheiro de construção civil e quem exercia estas funções era o carpinteiro ou o pedreiro mais experiente e especializado. Mas, nessa época, havia ainda uma outra grande responsabilidade do carpinteiro, pois era o profissional que escolhia e talhava a pedra, que nesse tipo de construção mantinha a solidez do edifício.

Na época de Jesus, o carpinteiro pegava seu machado, derrubava a árvore e arrastava os troncos até sua oficina. As árvores maiores cresciam no alto dos montes e o profissional deveria esforçar-se para buscar aquilo que mais tarde seria tranformado por ele. Como um grande observador, Jesus escalou terrenos difíceis em busca de material bruto para transformar em arte.

Éramos por natureza esse material bruto, que foi cortado do mundo, separado pelo artífice e conduzido à oficina, onde, com muito jeito e paciência, Ele vai talhando até dar a forma que deseja (Is 40.18; Jo 1.3-5).

Ele, com certeza, desenvolveu uma capacidade especial: a de olhar para um pedaço bruto de lenho e enxergar ali uma linda peça de arte. O processo não é fácil. Exige dedicação e horas de trabalho. Entre marteladas e cortes, pouco a pouco se vai formando uma maravilhosa escultura. Mais tarde, Ele aplicou tudo o que aprendera na oficina de Seu pai em seu ministério. Ao passar por situações desagradáveis, nos confortamos em saber que tudo o que acontece é porque Deus permitiu e cooperará para o nosso bem. Marteladas, pregos e cortes doem, mas são tão necessários quanto respirar. Só assim Deus poderá completar a boa obra que Ele começou em nós.

Marcos relata uma rejeição sofrida por Jesus em Nazaré (Mc 6. 5-6). Contudo, Ele percorria aldeias circunvizinhas a ensinar. Quando o carpinteiro de almas não encontrava material adequado para produzir Sua arte, Ele logo se direcionava a lugares onde pudesse encontrar. Algumas vezes, Ele tocava e a arte era produzida a olhos nus, como foi o caso do cego, que Jesus avistou ao passar pela cidade (Jo 9.1). Ali não estava um simples carpinteiro de Nazaré, era o próprio Deus encarnado (Jo 1.1-3).

O PODEROSO TOQUE DO ARTÍFICE

"E Jesus, estendendo a mão, tocou-o, dizendo: Quero; sê limpo. E logo ficou purificado da lepra." (Mt 8.3)

Naquela época, a lepra era a doença mais temida. A enfermidade deixava o corpo como uma massa de úlceras e putrefação. Os dedos encolhiam e se retorciam. Pedaços de pele perdiam a cor e fediam. Certos tipos de lepra matam os terminais nervosos e isso produz a perda de dedos, e até de pés e mãos. A lepra era morte por centímetros. As consequências sociais eram mais severas do que as físicas. Considerado contagioso, o leproso era obrigado a guardar quarentena, proscrito a uma colônia de leprosos. Era rejeitado por todos os que o conheciam, evitado por pessoas que não conhecia e condenado a um futuro que não podia suportar.

Muitas pessoas não compreendem o valor de um aperto de mão, um aceno ou um abraço. Quando enfrentamos a rejeição e a baixa-estima, nada é mais valioso que o carinho e a atenção, e Jesus sabia disto. Ao encontrar um leproso totalmente rejeitado pela sociedade e pela religião de sua época, Jesus lhe deu muito mais que um milagre, lhe deu um toque que dizia: "para todos você é impuro, mas para Deus você está limpo" (Mt 8.1-4). A infecção foi banida através de uma só palavra de Jesus. A solidão, porém, foi tratada pelo Seu amoroso toque de artífice (Mt 8.3).

OS SÁBIOS CONSELHOS DO CARPINTEIRO

"Pois qual de vós, querendo edificar uma torre, não se assenta primeiro a fazer as contas dos gastos, para ver se tem com que a acabar? Para que não aconteça que, depois de haver posto os

alicerces, e não a podendo acabar, todos os que a virem comecem a escarnecer dele, dizendo: Este homem começou a edificar e não pôde acabar." (Lc 14.28-30)

O carpinteiro de Nazaré que impactou o mundo com Suas palavras jamais errou acerca de qualquer assunto. Ele foi completo, porque Sua vida, personalidade e caráter autenticavam Suas obras. Seus discursos englobavam o mais alto e refinado nível de sabedoria. Ao discursar a Seu respeito, Pedro diz: Senhor, para quem iremos nós (Jo 6.68a). Pedro não diz para "onde". Ele sabia que só Jesus era a resposta para toda e qualquer indagação humana. Em Jesus estão as palavras de vida eterna (Jo 6.68a).

Ao contar a parábola da torre (Lc 14.28-30), Jesus visava alertar aqueles que o seguem a respeito da qualidade de vida. Jesus compara a torre inacabada com projetos de vida inacabados, que, por não se fazer uma necessária preparação com antecedência, viraram objetos de escárnio. Jesus fala que o preço em segui-Lo é caro e devemos avaliar o custo antes de qualquer decisão. Ele está ensinando que uma vida inacabada é um espetáculo mais trágico do que um alicerce de cimento exposto ao léu.

Seguir a Cristo para muitas pessoas é uma questão de status e ser evangélico está em moda nos dias atuais. Porém, algumas pessoas não compreendem que seguir a Cristo é ter um viver descompromissado com o pecado e os enganos desse mundo. Muitos ainda não nasceram de novo e, em vez de buscar a nova vida oferecida por Cristo, buscam fama e sucesso, sem compreender que um dia haverá uma cobrança e terão que prestar contas diante do Senhor. Quando Jesus manda calcular, está dizendo: se você deseja me seguir, alguma coisa terá que deixar. É bom você ver se vale a pena".

"Ou qual é o rei que, indo à guerra a pelejar contra outro rei, não se assenta primeiro a tomar conselho sobre se com dez mil pode

sair ao encontro do que vem contra ele com vinte mil? De outra maneira, estando o outro ainda longe, manda embaixadores e pede condições de paz. Assim, pois, qualquer de vós que não renuncia a tudo quanto tem, não pode ser meu discípulo. Bom é o sal, mas, se o sal degenerar, com que se adubará? Nem presta para a terra, nem para o monturo; lançam-no fora. Quem tem ouvidos para ouvir, ouça." (Lc 14.31-35)

Na segunda parte da parábola, Jesus nos alerta sobre como entrar em uma batalha. Ensina-nos que não é uma aventura na qual se pode entrar de sangue quente, precipitadamente, de qualquer jeito. Pois quando isso acontece o resultado é sempre desastroso e tudo se põe a perder. Jesus fala em tomar conselhos antes de entrar em uma batalha. Jesus diz: "primeiro, pense, depois arrisque". Jesus está nos alertando para não entrarmos em uma guerra que não temos as qualificações necessárias para vencer. Ele fala de fibra e poder de combate para se enfrentar um inimigo com o dobro de nossas forças.

Começar bem e terminar bem é algo que dificilmente observamos em nossos dias. Grandes homens e mulheres de Deus foram enganados, seduzidos pela fama, poder e toda a arte de pecar. Jesus nos chamou para uma autonegação, mas infelizmente, para alguns, o cristianismo tornou-se mercado, fonte de renda e marketing pessoal. Jesus discursou acerca de "aborrecimento" e não de "enriquecimento ou fama" (Lc 14.26). Ser um seguidor de Cristo é "aborrecer a própria vida" (Lc 14.26b). Jesus calculou o custo da tarefa da redenção, não começou uma coisa que não poderia terminar. Ele espera o mesmo de cada um de nós, caso isso não aconteça, não serviremos para ser Seus discípulos (Lc 14.26-27).

A Bíblia nos revela grandes exemplos de pessoas que começaram bem e terminaram mal. Sansão, Salomão, Judas e muitos outros, poderiam terminar de forma diferente, mas esqueceram que servir a Deus inclui a renúncia e um tipo de vida separada e diferente. Vivemos em um mundo egoísta, abarrotado de pessoas que visam somente seus próprios interesses. Devemos ter o cuidado para não sermos absorvidos por esse sistema, deixando Deus moldar a cada dia a nossa vida, para que não venhamos repetir as mesmas falhas daqueles que um dia criticamos.

APRENDENDO AS LIÇÕES DA CARPINTARIA

1 - O carpinteiro escolhe o material e o separa

"Não me escolhestes vós a mim, mas eu vos escolhi a vós, e vos nomeei, para que vades e deis fruto, e o vosso fruto permaneça, a fim de que tudo quanto em meu nome pedirdes ao Pai ele vo-lo conceda." (Jo 15.16)

O "tekton" na época de Jesus era responsável por dar a forma a todo o material que selecionava. Antes de qualquer talhada ou corte, o "tekton" analisava que tipo de material iria usar, o buscava onde estivesse e na oficina iniciava o processo de transformação. Jesus nos afirma que foi Ele quem nos escolheu (Jo 15.16). Assim como um "tekton" sabia o que fazer com o material bruto que selecionava, Jesus sabe muito bem o motivo de nos haver separado do mundo e trazido para Sua doce presença.

Se fomos escolhidos, seremos trabalhados por Ele. Não ficaremos como éramos, não teremos a mesma forma, seremos cortados de tudo aquilo onde estávamos arraigados. A nova forma mostrará que tipo de arte Ele produziu em cada um de nós. Porém, não havendo uma nova forma, teremos indícios de que nada ainda foi feito. Neste caso estaremos ainda como um material bruto que precisa ser talhado a qualquer momento.

2 - Somente o carpinteiro sabe a forma que dará ao material bruto

A Palavra do SENHOR, que veio a Jeremias, dizendo: Levanta-te, e desce à casa do oleiro, e lá te farei ouvir as minhas palavras. E desci à casa do oleiro, e eis que ele estava fazendo a sua obra sobre as rodas. Como o vaso, que ele fazia de barro, se quebrou na mão do oleiro, tornou a fazer dele outro vaso, conforme o que pareceu bem aos seus olhos fazer. Então veio a mim a palavra do Senhor, dizendo: Não poderei eu fazer de vós como fez este oleiro, ó casa de Israel? - diz o Senhor. Eis que, como o barro na mão do oleiro, assim sois vós na minha mão, ó casa de Israel (Jr 18.1-6).

O texto acima está repleto de ensinos saudáveis à conduta cristã. Devemos observar que o vaso está nas mãos do oleiro, mas à medida em que dava forma, o vaso se quebra em suas mãos. O texto ainda diz que o oleiro deu outra forma ao vaso e fez como lhe pareceu bem fazer (Jr 18.4). Isto indica que Deus está sempre nos aperfeiçoando. Indica que durante o processo de moldagem não suportamos e quebramos. Mesmo assim, Ele é capaz de refazer tudo outra vez e dar uma nova forma para cada um de nós.

O Salmo 15 apresenta alguns requisitos e qualidades referentes aos cidadãos que habitarão no tabernáculo do Senhor. A etimologia da palavra usada para "sincero" corresponde a "sem cera". Era comum o artífice errar na hora de talhar a madeira para confeccionar a arte. Assim, para não perder a obra, ele a maquiava e, onde havia dado o corte errado, ele usava cera para esconder. Quando algum comprador entendido em arte vinha comprar, dizia: "Eu quero, mas quero uma obra sem cera". Não quero uma obra bonita, mas sem valor. O valor do cristianismo está em ser realmente autêntico, sem maquiagem. Ser uma obra diretamente confeccionada pela mão do tekton.

Assim como Jesus selecionava o material que transformaria em obra de arte, devemos ter a consciência de que fomos chamados por Deus para que nos transformemos e algo belo e maravilhoso aos Seus olhos. Se isto ainda não aconteceu, fiquemos atentos ao Seu trabalhar. O processo em muitas pessoas é lento e doloroso, mas ao final nosso valor será acrescido. Seremos uma obra talhada, sem defeitos e assinada pelo maior artífice que o mundo já conheceu.

A mensagem de Jesus é simples, porém, de muita praticidade em nossas vidas. Embora não fosse nascido em berço de nobreza, filho de uma plebeia e numa cidade totalmente desfavorecida, Ele não dependeu desses fatores para ser o que era. Isto nos ensina que podemos ser o que Deus quer que sejamos, e, que independente de condições favoráveis ou não, devemos seguir em direção ao alvo que nos foi proposto.

III

Jesus, a verdade personificada

"Disse-lhe Jesus: Eu sou o caminho, e a verdade e a vida. Ninguém vem ao Pai, senão por mim." (Jo 14.6)

"Tornou, pois, a entrar Pilatos na audiência, e chamou a Jesus, e disse-lhe: Tu és o rei dos judeus? Respondeu-lhe Jesus: Tu dizes isso de ti mesmo ou disseram-to outros de mim? Pilatos respondeu: Porventura sou eu judeu? A tua nação e os principais dos sacerdotes entregaram-te a mim. Que fizeste? Respondeu Jesus: O meu reino não é deste mundo; se o meu reino fosse deste mundo, pelejariam os meus servos, para que eu não fosse entregue aos judeus; mas agora o meu reino não é daqui. Disse-lhe, pois, Pilatos: Logo tu és rei? Jesus respondeu: Tu dizes que eu sou rei. Eu para isso nasci e para isso vim ao mundo, a fim de dar testemunho da verdade. Todo aquele que é da verdade ouve a minha voz. Disse-lhe Pilatos: Que é a verdade? E, dizendo isto, tornou a ir ter com os judeus, e disse-lhes: Não acho nele crime algum." (Jo 18.33-38)

O que é a verdade?

A pergunta feita por Pilatos atravessou os séculos e, num tempo tão difícil quanto o que vivemos, parece estar a cada dia mais difícil de responder. Esse não foi somente o drama de Pilatos ao deparar-se com Jesus Cristo, é também o nosso, em dias onde a verdade se faz ausente até mesmo por aqueles que se dizem detentores da moral e dos bons costumes. Na verdade, existe muita gente mentirosa querendo anunciar a verdade e, esta por sua vez, tem denunciado severamente os tais que usam o engano para encobrir suas maldades.

Existem pessoas que amam mais a mentira do que a verdade, que tentam inserir falsas doutrinas e conceitos que nem o próprio Deus estabeleceu para nossas vidas. Temos o exemplo de Judas que andou lado a lado com a verdade, mas desejou amar a mentira. Ele conseguiu vender quem iria comprá-lo, levou a prisão àquele que iria libertá-lo. Judas beijou a porta do céu e não entrou nele.

Pilatos é outro tipo de pessoa que está impedido de encarar a verdade porque está comprometido com a mentira, está preso a conceitos e regalias e, pela verdade, certamente deveria ter de renunciar a tudo. A verdade exige um preço. Ela tem um custo. A verdade traz inimizade. Ou somos amigos de Deus pela verdade, ou inimigos pela mentira. Não podemos ser as duas coisas (Tg 4.4). Pilatos resolveu ignorar a verdade porque tinha medo de perder seu privilégio como governador. Ele estava diante da verdade, mas sua alma estava aprisionada pela mentira. Para ser amigo de Roma, ele se tornou inimigo de Deus. Não existem atalhos. Ou somos ou não somos (Jo 18.37b).

A VERDADE É MUITO MAIS QUE UMA PALAVRA, É UMA PESSOA

Na era antiga, o povo hebreu entendia sua relação com Deus a partir do entendimento das alianças. Desta forma, a história, que é pano de fundo da Bíblia, se desenrola em elos de alianças que o Senhor vem estabelecendo com os homens durantes as eras e tempos. Deus estabeleceu alianças com Abel, Noé, Abraão, Jacó, Moisés, Josué, Davi e outros. Uma aliança era um pacto entre um homem, ou um povo, e Deus. Neste pacto eram definidos, com base em declarações e ritos, direitos e deveres, nos quais Deus apresentava o que esperava daqueles com quem estava estabelecendo a aliança e expunha um conjunto de promessas com as quais Ele Se comprometia a cumprir.

Outro elemento imprescindível da cultura e da religião de Israel era sua esperança e expectativa messiânica. Havia, naquele povo do Velho Testamento, uma forte certeza e convicção que Deus cumpriria Sua promessa em enviar à Terra o Messias, aquele que iria redimir o homem ao seu estado de pleno relacionamento com o Eterno.

Em meio a este modelo de alianças e esperança messiânica, temos a palavra hebraica para verdade: "emunah". "Emunah", que é a "verdade", para os filhos de Israel, traz como significado a capacidade de tornar real uma promessa. Relaciona-se com a ideia de que a verdade é uma promessa que irá se tornar realidade. É uma palavra que conecta o futuro ao presente. Traz a certeza presente de que o futuro prometido por um pacto de aliança é inexorável. A palavra "emunah" tem a mesma origem da palavra "amém", que significa "assim seja".

Com este entendimento, podemos compreender a preocupação dos escritores do Velho Testamento em descrever certas situações que envolviam promessas e seus respectivos cumprimentos. Por exemplo, Deus em Sua aliança com Abraão promete um herdeiro (Isaque, filho da promessa) e uma herança (a terra de Canaã). Embora Abraão tenha andado na terra de Canaã, ele não a possuiu plenamente. A possessão governamental somente se concretizou centenas de anos mais tarde no reinado de Davi, quando Deus pode dizer que Sua "emunah" havia se cumprido.

O CONCEITO GREGO DA VERDADE

Os gregos empregavam a palavra "aletheia". A "aletheia", ou a verdade, é dizer sobre o que de fato está na realidade manifesta, em oposição ao que está oculto, não manifesto e no engano; o verdadeiro é o evidente ou plenamente visível para a razão. Aristóteles, filósofo grego, propondo uma teoria da verdade, disse que a verdade é dizer sobre algo aquilo que de fato ele é, ou dizer aquilo que ele não é. Quando dizemos "a água é translúcida", estamos falando a verdade, pois estamos dizendo da água aqui que lhe é próprio e podemos verificar experimentalmente tal qualidade.

João, o apóstolo, transcrevendo as palavras de Jesus, escreve:

"E conhecereis a aletheia, e a aletheia vos libertará." (Jo 8.32)

Mais tarde Jesus diz: "eu sou o caminho, a *aletheia* e a vida...". Agora Jesus, o Cristo, não se encerra mais na verdade que se espera como promessa, "emunah". Ele transcende este conceito e passa a ser a verdade verificável. Ele é discernível pela razão humana, quer seja pela lógica teológica (o estudo minucioso das Escrituras), quer seja pelos sentidos da alma. Jesus é a *aletheia* de Deus: a verdade presente!

"O que era desde o princípio, o que ouvimos, o que vimos com os nossos olhos, o que temos contemplado, e as nossas mãos tocaram da Palavra da vida (porque a vida foi manifestada, e nós a vimos, e testificamos dela, e vos anunciamos a vida eterna, que estava com o Pai e nos foi manifestada), o que vimos e ouvimos, isso vos anunciamos, para que também tenhais comunhão conosco; e a nossa comunhão é com o Pai e com seu Filho Jesus Cristo. Estas coisas vos escrevemos, para que o vosso gozo se cumpra." (1Jo 1.1-4)

João está demonstrando, a partir da linguagem, que Jesus é o Messias, aquele por quem o povo de Israel e a humanidade aguardavam e que naquele tempo se manifestava corporalmente, portanto, para este escritor, Jesus é a verdade de Deus.

Por sua vez, os romanos falavam o latim e verdade em latim é "veritas", que significa a exatidão entre o relatado e o ocorrido. A "veritas" está na capacidade de alguém em descrever com exatidão, no âmbito exclusivo da linguagem, o que ocorreu. A mentira passa a ser uma descrição errada. A verdade passa a depender exclusivamente da exatidão e precisão com que um relato ou enunciado é apresentado. A "veritas" trata de descrever precisamente o passado (Jo 1.14; 1Jo 1.1).

Quando Lucas, médico e historiador, faz a introdução do evangelho que leva seu nome, tem a preocupação de buscar a "veritas" entre testemunhas oculares e ministros da Palavra, e, depois de uma apurada investigação, colocar tudo em ordem e escrito, para que os leitores tivessem plena convicção da verdade. Quando Jesus está dizendo: "E conhecereis a verdade, e a verdade vos libertará", está falando de si mesmo. Não de uma doutrina ou palavra escrita. Está falando de Sua própria pessoa. Algo além de um culto, ou de uma norma. Está dizendo: "me conheça que eu farei de você uma pessoa livre, alegre e feliz".

Há algo fundamental a respeito da verdade moral. A personalidade do homem que ensina a verdade acadêmica ou científica não afeta muito a sua mensagem. A personalidade não tem maior peso quando se busca ensinar geometria, astronomia ou os verbos latinos. Pelo contrário, se alguém se propõe ensinar a verdade moral, sua personalidade é essencial. Um adúltero que prega a necessidade da pureza, uma pessoa egoísta que prega o valor da generosidade, uma pessoa dominante que ensina a beleza da humildade, uma criatura irascível que prega a beleza da serenidade, uma pessoa amargurada que prega a beleza do amor. Tais pessoas estão condenadas a não terem êxito.

A verdade moral não se pode transmitir unicamente em palavras, deve-se transmiti-la com o exemplo. Muitos homens poderiam dizer: "Ensinei-lhes a verdade". Jesus é o único que pode afirmar: "Eu sou a verdade". O tremendo a respeito de Jesus não é que a afirmação da perfeição moral encontra seu ápice nEle, embora isso seja certo, mas sim, o fato da perfeição moral se ver realizada nele. Ele é a verdade personificada.

IV

A PODEROSA PALAVRA DO MESTRE

"E, respondendo Simão, disse-lhe: Mestre, havendo trabalhado toda a noite, nada apanhamos; mas, sobre a tua palavra, lançarei a rede." (Lc 5.5)

ESSA PASSAGEM trata de um milagre duplo, onde tudo começou com a exposição da Palavra de Jesus. Lucas nos relata que uma multidão apertava Jesus para ouvir a Palavra. Isto aconteceu junto ao lago de Genesaré. Lucas é prático e enfoca o olhar de Jesus sobre dois barcos, e como os pescadores agiam naquele momento. Eles estavam lavando as redes. Quando os pescadores agem dessa maneira, é porque eles não voltarão mais para o mar, mesmo porque eles passaram a noite toda pescando e estavam frustrados por nada terem apanhado em suas redes (Lc 5.1-2).

JESUS ENTRA NO BARCO

Aqueles pescadores, frustrados pela surpresa da noite, estavam certos de que não voltariam mais a pescar. Já era dia e o momento era o mais improvável possível. A primeira ação que Lucas nos apresenta é que Jesus fez uma escolha e escolheu o barco de Pedro (havia dois barcos). Logo em seguida, Lucas relata a segunda atitude tomada por Jesus:

"E, entrando num dos barcos, que era o de Simão, pediu-lhe que o afastasse um pouco da terra; e, assentando-se, ensinava do barco a multidão." (Lc 5.3)

Depois que Jesus entrou naquele barco a história daqueles homens teve outro final. Isso também acontece conosco, pois é sempre Ele quem nos escolhe, e entra em nosso barco (vida) para escrever um histórico de vitórias. Jesus fez um pedido ao entrar no barco. Ele pediu para afastar-se da terra. Somente após afastar o barco da terra é que começou a ministração da Palavra. O que isso significa? Não é difícil de entender. Jesus pede, ao entrar em nossa vida, que deixemos de ser racionais, deixemos a terra (a razão). Porque fincados na terra (razão) não há como entender as coisas do mundo espiritual (1Co 2.14-15).

Jesus prega e, repentinamente, aqueles homens, conhecedores de tudo concernente à pescaria, aceitam retornar ao mar. Não sabemos o que Jesus pregou naquele barco, mas foi algo tão impactante que eles resolveram acreditar. Veja como é maravilhoso estar a sós com Jesus. As palavras de Pedro são precisas e até hoje nos comovem pela maneira como se reportou a Jesus: "sobre a tua palavra" (Lc 5.4-5).

Tanto Pedro quanto os demais foram contagiados pela palavra que saiu dos lábios de Jesus. A partir daquele momento, a experiência humana daqueles homens cedeu lugar à fé e a fé foi determinante para que alcançassem êxito. Esses pescadores foram conduzidos a uma atitude extravagante. Ainda que Jesus não os obrigasse a pescar, eles se sentiram pressionados a tomar uma atitude fora do normal, excêntrica simplesmente. Nesse horário tudo era mais impossível de acontecer. O horário era impróprio, o local onde Jesus mandou lançar redes também não era comum, porque não se pesca de rede em mar alto, mas foi exatamente dessa forma que deu certo.

É bem possível que o pessoal da outra embarcação não tenha entendido nada do que estava acontecendo no barco de Pedro. Talvez, como bons profissionais da pesca, eles até riram disfarçadamente da situação. Mas, logo depois, foram surpreendidos com os resultados. O Evangelho tem um quê de loucura diante do conhecimento e da experiência humana. Mas as palavras loucas estão muito além da epistemologia e do empirismo científico, pois

O MESMO MAR, RESULTADO, PORÉM, DIFERENTE

"E, fazendo assim, colheram uma grande quantidade de peixes, e rompia-se-lhes a rede." (Lc 5.6)

A orientação de Jesus indicava que deveriam ir para partes mais profundas (Lc 5.4), e tal obediência implicava num grande esforço depois de uma noite cansativa. Ao recebermos a Palavra específica de Deus, devemos executá-la logo. O segredo do milagre foi a pronta obediência, a qual fora antes movida pela exposição da Palavra (Rm 10.17).

Lucas relata algo importante: "Colheram uma grande quantidade de peixes, e rompia-se-lhes a rede". Por que isso não aconteceu antes? O que mudou, se o mar era o mesmo e os pescadores também? Na primeira vez que entraram no mar, eles não possuíam uma palavra profética sobre suas vidas. Porém, desta vez, Jesus tanto estava no barco quanto apontou a direção onde apanhariam os peixes. O que não conseguiram em uma árdua e cansativa noite de trabalho, alcançaram em poucas horas, segundo a Palavra de Jesus.

O mar e o barco eram os mesmos, mas aqueles homens não. Eles estavam sob o efeito da palavra de Jesus. O resultado foi tão assustador que eles precisaram da ajuda do outro barco que havia ficado. Lucas relata algo tremendo que ocorreu dentro da água. Exatamente no momento em que dividiam a pescaria para que o barco não afundasse. É preciso ter sensibilidade para entender o que aconteceu. Observe:

"E fizeram sinal aos companheiros que estavam no outro barco, para que os fossem ajudar. E foram e encheram ambos os barcos, de maneira tal que quase iam a pique." (Lc 5.7)

Como podemos tirar peixe de um barco e encher outro vazio e os dois barcos irem a pique? Como se tira e não se diminui? Por isso, precisamos estar atentos às entrelinhas da vida e obra de Jesus. É isso que O torna tão extraordinário e tão fantástico. Jesus jamais ficará ultrapassado. A todo instante descobrimos algo nas entrelinhas da Palavra que nos maravilham e nos deixam mais apaixonados por Ele.

Há algumas verdades importantes acerca dessa pescaria. Primeiro, é preciso afastar-se da terra para ouvir claramente o que Jesus tem a dizer. Segundo, mesmo que tudo nos pareça obscuro e sem resposta, Jesus vem ao nosso encontro, abandona a multidão, entra em nosso barco e pede que voltemos ao ponto de partida. Terceiro, a fé vai além de todo o conhecimento humano que recebemos nesse mundo. Jesus nos convida a mares altos, a grandes profundidades e com apenas uma ferramenta: a fé.

Uma coisa é sair sem uma palavra profética sobre a nossa vida. Outra coisa é saber onde realmente ir e a atitude que se deve tomar. O mar que se fechou é o mesmo que se abriu. O mesmo mar que nos nega tudo é o mesmo que nos devolverá tudo com juros e correção. A bênção que Jesus preparou para cada um de nós é tão importante e grandiosa que, mesmo dividindo como os outros, ela irá se multiplicar na hora em que começarmos a dividir.

Lucas afirma que eles deixaram tudo (os peixes e a embarcação) e seguiram a Jesus. O que eles entenderam? Que milagre se precisa todos os dias e eles passam. Mas, andando com Jesus, não precisamos ir atrás de milagres. Ele é o nosso milagre diário. O milagre não transforma uma vida, Jesus sim. O milagre não salva, Jesus sim. O milagre aponta para o que Ele é capaz de realizar. Estar com Ele é viver em paz e desfrutar de tudo o que é belo e maravilhoso. Os pescadores se tornaram em seguidores e, para eles, o maior de todos os milagres aconteceu: eles encontraram o maravilhoso Jesus (Lc 5.11).

V

Quem é este?

"E sentiram um grande temor e diziam uns aos outros: Mas quem é este que até o vento e o mar lhe obedecem?" (Mc 4.41)

APÓS MULTIPLICAR pães e peixes e alimentar uma grande multidão, Jesus ordenou a Seus discípulos que entrassem no barco e fossem adiante para o outro lado, enquanto despedia a multidão. Porém, foi orar à parte e o dia passou, enquanto do outro lado os discípulos foram envolvidos por uma grande tempestade, e, já de madrugada, Jesus vai socorrê-los, caminhando sobre as águas (Mt 14.22-24).

A DIFERENÇA ENTRE AS DUAS TEMPESTADES

A Bíblia nos fala de duas tempestades e existem algumas diferenças entre elas. Na primeira, Jesus dormia no barco e teve que ser despertado. Na segunda, Ele vem caminhando sobre as águas. Na primeira, Ele se dirige aos discípulos perguntando: "Por que temeis, homens de pouca fé?" (Mt 8.24-26). Na segunda, Ele se dirige somente a Pedro dizendo: "Homem de pouca fé, por que duvidaste?" (Mt 14.31). Na primeira, Jesus repreendeu os ventos e o mar (Mt 8.26). Na segunda, Ele acalma apenas o vento que provocava as ondas, mas a grandeza do milagre está em Pedro ter caminhado também sobre as águas (Mt 14.32).

Obrigou que fossem para o outro lado

Jesus deu ordem a Seus discípulos para entrar no barco, e aproveitou o momento para se despedir da multidão e orar à parte. Marcos diz que Ele os obrigou (Mc 6.45). Para eles foi uma tormenta, para Jesus uma oportunidade de vê-los não duvidar do impossível (Mt 14.31; Tg 1.6). A tarde chegou e com ela a noite, mas Jesus somente os encontrou por volta das três da manhã, perto da quarta vigília da noite (Mc 6.48). Não serão poucas as vezes que o Senhor irá nos impelir para determinadas situações desconfortantes. Algumas irão tratar diretamente com o nosso eu; outras irão fazer brotar em nós a ferramentas que jamais ousamos pensar que estavam em nosso poder.

Vento contrário

Aqueles homens estavam acostumados com o mar, mas estavam aterrorizados. Eles estavam remando contra os ventos e já estavam a desfalecer. Neste momento, Jesus vem socorrê-los andando por cima do mar, nos revelando que a provação que nos aflige, Ele a tem debaixo dos pés (Mt 14.25).

A agonia desses homens foi tanta que, ao ver Jesus andando sobre o mar, eles assustaram-se e gritaram com medo, porque confundiram Jesus com um fantasma (Mt 14.26). Eles se esqueceram da primeira tempestade, quando tiveram que despertá-Lo. Eles se esqueceram de tudo. Esse é nosso maior problema na hora das dificuldades, esquecemos das experiências passadas, do que Jesus já realizou, esquecemos que já passamos por coisas piores e que Ele foi conosco e nos livrou. O medo se constitui em um dos maiores impedimentos da vida humana. Ele encobre a verdade, não nos deixa ver as possibilidades e o potencial que temos dentro de nós. Ele gera a dúvida, que gera a incredulidade, que nos faz afundar como fez com Pedro (Mt 14.30).

A SENSIBILIDADE NA HORA DA TORMENTA

Embora a tempestade tenha sido assustadora, não existiu homem sobre a Terra capaz de repetir o feito realizado por Pedro. Somente ele andou sobre as águas, como Seu Mestre. Mas, o que viu Pedro para alcançar tão grande milagre? O que sentiu para abandonar o barco e sair a encontrar Seu Mestre? Em meio à tempestade, já sem forças e sem esperança, os discípulos avistam Jesus, mas, em vez de se alegrarem, eles o confundem com um fantasma e gritam de pavor. Nesse momento, Jesus lhe diz: "Tende bom ânimo, sou eu, não temais" (Mt 14.27).

Os discípulos viram uma imagem coberta pela névoa. Como identificar que era Jesus, a não ser, estando familiarizados com a Sua voz? Como identificar uma voz no meio de uma tempestade com tanto pânico? Somente um ouvido muito sensível poderia identificá-lo sem que o avistasse nitidamente (Jo 10.4-5). Entre todos que ali estavam, apenas Pedro foi capaz de discernir a voz do Mestre (Ez 43.2). A voz do Senhor deve ser inconfundível para aqueles que fazem parte de Sua intimidade. Um pai não precisa ser visto para que um filho reconheça o sonido de sua voz. A convivência e a intimidade revelam detalhes pessoais e, por ser íntimo, Pedro foi capaz de identificar a voz do Mestre em meio à tempestade. Será que também sabemos identificar Sua voz em meio à tempestade?

ATITUDE NA HORA DA TORMENTA

No momento em que Pedro discerniu a voz do Mestre, ele esqueceu totalmente da tempestade, ignorou os remos e saiu caminhando em direção ao local onde estava Jesus. Quem está familiarizado com uma voz não precisa ver porque é como se estivesse vendo. Pedro viu Jesus através de Sua voz. Viu esperança e viu a possibilidade de caminhar por sobre o mar. A fé vem pelo ouvir e Pedro se encheu de fé ao ouvir Jesus (Rm 10.17).

Enquanto todos viram um fantasma, Pedro viu o Mestre e se alegrou. A fé exige de cada um de nós uma atitude. Ou ficamos no barco com medo e morremos vendo fantasmas, ou saltamos dele e caminhamos ao encontro de Jesus. Quem vive pela fé anda na fronteira entre dois mundos: o natural e o dos milagres (Hb 11.1).

A TORMENTA PODE REVELAR UM HERÓI

A atitude de Pedro foi incomum. Ele deveria pedir socorro e não pedir para andar sobre as águas. Somente Pedro saiu do barco e só anda sobre as águas quem tem coragem de sair do barco (Mt 14.28-29). O que intencionava Jesus ao obrigar Seus discípulos a entrarem no barco e não seguir junto com eles? Porque a prova da tempestade se repete? Seria coisa do acaso ou o Senhor esperava que a ocasião fizesse emergir uma atitude não de dependência, mas de ação? Talvez, Jesus intencionasse que não somente Pedro caminhasse sobre as águas, mas todos eles. Deus cria certos obstáculos em nossas vidas não para lamentarmos, mas para agir de forma milagrosa como agiu Pedro (2Co 3.18). Pedro afundou, mas também andou. As tempestades nos ensinam a romper nossos próprios limites e a confiar naquele que nos salvou.

É POSSÍVEL CAMINHAR NA TEMPESTADE

"E respondeu-lhe Pedro, e disse: Senhor, se és tu, manda-me ir ter contigo por cima das águas. E ele disse: Vem. E Pedro, descendo do barco, andou sobre as águas para ir ter com Jesus." (Mt 14.28-29)

Aquele dia foi tanto especial quanto histórico na vida de Pedro. Essa passagem não nos ensina somente sobre o que Jesus é capaz de fazer de sobrenatural, mas também o que podemos realizar sob os efeitos de Sua Palavra. Jesus mostrou domínio sobre o mal que afligia a todos e Pedro também alcançou o mesmo feito. O texto nos revela de forma muito clara que Jesus ainda não havia acalmado os ventos da tempestade quando Pedro andou sobre as águas e foi ao seu encontro. Isto somente aconteceu quando subiram para o barco (Mt 14.32).

Pedro andou durante a tempestade, o que nos prova que é possível caminhar mesmo em meio à tempestade. Não é hora de parar, de entregar os pontos ou desanimar. É muito difícil na hora das grandes provações da vida compreender que determinada fase ruim está contribuído para algo melhor e mais consistente em nossas vidas, mas, quando identificamos a presença de Jesus em nossas tempestades, criamos novo ânimo e avançamos confiados em Sua Palavra (Rm 8.28).

Pedro andou no mesmo nível que Jesus, mas afundou. Qual o foi o motivo pelo qual afundou? Ele sentiu a força do vento e o vento lhe trouxe medo (Mt 12.30). Houve uma sequência: sentiu o vento, teve medo e afundou. O vento provocou o medo, que o levou para o fundo, enquanto que a Palavra o fez andar sobre as águas. De olhos postos em Jesus, ele fez o impossível, mas desviando sua atenção para o vento ele fracassou. Os ventos sempre existirão, mas faremos proezas olhando para o Autor da nossa fé (Sl 60.12; Hb 12.2a).

ALCANÇANDO NÍVEIS ESPIRITUAIS

Por um momento, observamos mestre e discípulo caminhando no mesmo nível (Jo 14.12). Grande parte das provações que enfrentamos são proporcionadas pelo próprio Deus. Elas não têm a intenção de nos destruir, mas de fazer brotar o potencial que existe dentro de cada um de nós. Hoje sabemos que é possível andar sobre as águas; sobreviver em uma fornalha ardente; dormir em paz ao lado de leões; expulsar demônios, curar enfermos, ressuscitar mortos. A cada situação embaraçosa da vida, uma janela se abre para que prossigamos a conhecer ao Senhor (Os 6.3).

A ORDEM É CHEGAR DO OUTRO LADO

Esta é a raiz da maior parte dos nossos problemas atualmente. Confiamos em Jesus para milagres e curas. Cremos nEle para a nossa salvação e o perdão dos pecados. Buscamo-Lo para prover todas as nossas necessidades. Confiamos que nos levará à glória um dia. Mas, quando uma súbita tempestade cai sobre nós, e parece que tudo está se desmanchando, é difícil enxergá-Lo junto a nós. Não conseguimos acreditar que Ele permite que tempestades nos ensinem a confiar. Nunca estamos muito certos de que Ele está perto quando as coisas realmente se complicam.

Pedro não pediu ajuda quando estava no barco. Ele só entendeu a dimensão do perigo quando começou a afundar. Por um momento, ele se desligou de tudo e de todos, e se conectou apenas com a presença de Jesus Cristo. A resposta do Mestre revela a chave pela qual podemos abrir a porta dos milagres: "Por que duvidaste?" (Mt 14.31).

Um dos maiores perigos que podemos enfrentar é o de sermos incapazes de enxergar Jesus em nossos problemas, e até mesmo confundi-lo com uma aparição qualquer. Na hora mais negra da noite, no terror supremo da tempestade, quando os ventos mais ruidosos anunciavam o fim e a desesperança era opressiva, Jesus se aproximou e se revelou como o Senhor que salva nas tempestades. A prova era para lhes despertar a fé, mas o alvo era chegar do outro lado (Mt 14.22). Entre a ordem e o outro lado haverá uma tempestade, ela sempre existirá. Mas podemos estar certos de que o nosso Senhor sempre estará intercedendo por nós e virá em nosso socorro na hora da angústia, dizendo: "Tende bom ânimo, sou eu, não temais" (Mt 14.27).

VI

O INEXPLICÁVEL JESUS

"E um dos malfeitores que estavam pendurados blasfemava dele, dizendo: Se tu és o Cristo, salva-te a ti mesmo e a nós. Respondendo, porém, o outro, repreendia-o, dizendo: Tu nem ainda temes a Deus, estando na mesma condenação? E nós, na verdade, com justiça, porque recebemos o que os nossos feitos mereciam; mas este nenhum mal fez." (Lc 23.39-41)

O CÉTICO E O SEDENTO

Ao lado de dois ladrões para ser crucificado, Jesus Cristo ainda reage com graça para a salvação. São dois homens ímpios em contraste com um homem completamente santo e puro. Durante toda a vida esses dois homens foram delinquentes, mas, no momento final de suas vidas, um deles tem uma reação totalmente oposta a tudo o que viveu. Estar próximo a Cristo provoca essas reações. Sua presença é contagiante e sempre o inexplicável é o resultado do lugar onde se faz presente.

O lugar era pouco comum, as pessoas a seu lado também. De repente, um desses homens sem nome tem uma reação inesperada. Ele reconhece ser justa a punição pela qual está prestes a cumprir, sabe que fez algo errado, está arrependido e diz a seu companheiro que suas punições são merecidas, mas Jesus nada fez para que estivesse ali entre eles. Algo tremendo está acontecendo aqui, e as pessoas que rodeavam a cruz não podiam compreender como Jesus, estando na mesma situação, prometia àquele homem o paraíso.

Jesus confundiu muitas pessoas que tentavam decodificá-Lo. Assim como fez em vida, o fez também em Sua morte. Ele falava em parábolas, curava os enfermos e ressuscitava os mortos. Para as pessoas em Seu tempo, Jesus era alguém que tanto confundia quanto escandalizava. Ele confundiu até mesmo em Sua forma de morrer naquela cruz. Ainda hoje, Ele continua fazendo o mesmo. Ainda é um Jesus que muitos não conseguem explicar. A razão pela qual ainda aborrece a muitos e ainda confunde tanto é porque pensamos em Jesus como alguém que Ele não é. Jesus é inexplicável até mesmo para muitos cristãos ao redor do mundo. Tentar explicá-lo não é tarefa fácil, a lista seria interminável. No momento, porém, definiremos três coisas que Ele não é, em contraste com o que representa.

Primeiro, a Bíblia não apresenta Jesus como um tipo agradável, mas como alguém, de certo modo, assombroso. A Bíblia jamais o descreve como alguém necessariamente agradável. Isso não significa que não fosse agradável ou uma boa pessoa. Essa palavra agradável não capta a essência de quem era Jesus ou de quem é atualmente. Para aqueles que caminharam a Seu lado e que entraram na presença de Deus, quando Ele se fez carne, foi como meter-se no olho de um furacão, pois onde Jesus passava havia revolução, havia controvérsia, gente assombrada. Se voltássemos aos tempos de Jesus, não o veríamos sentado ao lado de ovelhas, nem tampouco cercado de crianças ao Seu derredor.

Jesus cercou-se de pessoas. Gente que o odiava, que se assombrava, que nEle cria, e com nenhum deles Ele foi indiferente. Aqueles que o conheciam pessoalmente ficavam estupefatos pela qualidade de vida que apresentava e como impactava através de Seus ensinamentos e milagres. Era como um furacão que deixava a todos boquiabertos e a se perguntar se era realmente sério o que apresentava. Esse era o efeito que produzia seus sermões.

O Sermão do Monte, por exemplo, era o anti-sermão daquilo que os religiosos ensinavam em sua época. Os religiosos ensinavam na sinagoga a lei de Moises e tudo o que se podia ou não fazer; como deveria se cuidar; a qualidade da comida que deveriam comer; como deveria vestir-se e as regras em como se aproximar de Deus.

Jesus começa o Sermão do Monte dizendo o que deveriam fazer em contraste com o que a religião dizia que deveriam fazer. Em outras palavras, Jesus ensinou que o Evangelho não é um substantivo, é um verbo e devem-se fazer coisas. Perderíamos a conta de quantas vezes Jesus usou a palavra "hipócritas". Se esse sermão estivesse hoje na Internet, até os religiosos o estariam odiando ao vê-lo e certamente dizendo: "Quem é você para falar assim conosco?". Ele foi chamado de herege e até afirmaram que tinha demônio (Jo 10.20). Todos queriam matá-Lo porque era realmente assombroso.

A única pessoa que encontrou Jesus como um homem inofensivo e bom foi Pôncio Pilatos. Ele é o único romano que não condena Jesus e não vê nEle perigo algum. Pilatos o viu como alguém que não oferecia risco. Para Pilatos, Jesus era um homem tão inofensivo que sequer deveria gastar uma cruz (Lc 23.4). Não entendeu que diante dele estava o juiz de toda a terra e que, mais tarde, seria a Sua vez de julgar.

Pilatos é um símbolo da cultura de muitas nações ao redor do mundo. Muitos pensam como ele, que Jesus não oferece risco, ou grande coisa. Pensam: "Não tenho nada contra Ele e, se um dia precisar, irei até Ele". Jesus nunca foi essa pessoa para que de vez em quando lhe busquem. Ele era um furacão, um provocador, alguém que, quando penetra em uma vida, a deixa marcada e completamente transformada. Sua entrada em uma vida produz uma mudança radical. Ao depararmo-nos com Ele mudamos de direção e um manto de salvação cai sobre nós, de maneira que não há mais como fugir dessa verdade. É esse cristianismo que as pessoas de bem procuram. Eles não buscam um Cristo sem impacto, procuram um Cristo como a Bíblia o descreve (Mc 10.18).

Segundo, a Bíblia não apresenta Jesus como um legalista. Ele é um libertador. Quando lemos a Bíblia com sinceridade, podemos compreender perfeitamente que não há como denominar Jesus como legalista, como religioso ou como alguém que julgava as pessoas. No entanto, essas são as três palavras com as quais as pessoas identificam a Igreja. Afirmam que somos religiosos, que julgamos as pessoas, ou que somos legalistas. Se saíssemos a perguntar pelas ruas acerca de quem era Jesus, certamente nos diriam: "Alguém que estabeleceu padrões morais de como viver; mas não posso me aproximar dEle porque minha vida está fora de Seus padrões e de Sua Igreja".

O Cristo apresentado na Bíblia veio para libertar. Não importa como esteja nossa vida, se Cristo nela entrar, jamais sentiremos o fardo da condenação (Rm 8.1). Ainda que sintamos o mau cheiro de uma vida apodrecida, se Cristo chegar diante de nós, jamais nos sentiremos condenados. Pelo contrário, nos sentiremos amados e com o desejo de estar limpo para ficar perto dEle (Lc 4.18-19).

Por último, não decidimos escolhê-Lo. Ele foi quem optou em nos escolher (Jo 15.16a). Ao longo dos anos, o cristianismo passou a transmitir uma ideia de que Deus está tão longe que devemos nos sacrificar ao máximo para atrair Sua atenção, para que Ele venha em nosso auxílio. Perdemos, de certo modo, a visão de que Deus está conosco, presente em nossas vidas, e o resultado é uma série de métodos e conceitos para atraí-Lo, conceitos que, muitas vezes, mais nos afastam do que nos aproximam de quem Ele é. Um bom exemplo está em Apocalipse 3.20, onde fecharam a porta e deixaram Jesus do lado de fora.

É evidente que deve existir uma reciprocidade no relacionamento Deus e homem, mas, na realidade, é sempre Ele quem se dispõe a nos buscar. Éramos pecadores, sem qualquer chance de salvação, mas Ele se dispôs a deixar tudo, a ser humilhado, a viver como um de nós, para que, enfim, pudéssemos alcançar a salvação (Ef 2.11-16; 1Pe 2.10).

A principal razão para toda traição ao verdadeiro Jesus é que nós ouvimos com exagerada deferência a moda contemporânea, em vez de escutarmos a Palavra de Deus. A busca por relevância torna-se tão impetuosa que nós sentimos que temos que capitular diante dela, independente do custo. Estamos acostumados a esse tipo de pressão no mundo dos negócios, onde quem determina o produto da firma são os especialistas em marketing. Às vezes, parece que o mercado impõe suas regras também à Igreja. Com toda prestatividade, cede-se ao espírito moderno, tornando-se escravos da última moda, e até mesmo idólatras, dispostos a sacrificar a verdade no altar da modernidade. Então a busca por relevância acaba se degenerando, transformando-se em uma obsessão por popularidade.

O pensamento do mundo ensina que para acercar-se dos deuses é necessário fazer sacrifício para de algum modo ser aceito por eles. Infelizmente, esse conceito penetrou na mente de muitos cristãos, que, de muito boa vontade o fazem. Se ao menos compreendessem que Deus sempre está nos buscando, como diz as Sagradas Escrituras. O Senhor veio ao encontro de Abraão; encontrou Moisés na sarça; esperou Jacó passar pelo vau do Jaboque e lá mudou a sua vida; saiu ao encontro de Saulo no caminho de Damasco.

Quando Saulo buscaria a Jesus? Qual alternativa teve Saulo após o encontrar? E quanto a Moisés? Este nem em si mesmo acreditava mais. O Senhor teve que reanimá-lo, confortá-lo e lhe fazer mudar de opinião. O que dizer de Gideão, que estava escondido quando o Senhor apareceu para comissioná-lo? O plano da salvação não começa com o homem buscando a Deus, mas sim, Deus planejando vir até o homem e se dando a conhecer. Isso é o que torna Jesus tão inexplicável e o homem natural jamais poderá entender (1Co 2.14).

VII

O QUE FAÇO AGORA NÃO ENTENDES, MAS SABERÁS DEPOIS

"Porque eu vos dei o exemplo, para que, como eu vos fiz, façais vós também." (Jo 13.15).

É COMUM ENCONTRARMOS nos evangelhos, Jesus ajoelhando-se diante de Deus para interceder pelos homens. Todavia, de todas as vezes que encontramos Jesus com os joelhos dobrados, nenhuma é mais preciosa do que quando se ajoelhou diante de Seus discípulos e lavou-lhes os pés. Este momento foi ímpar, pois Ele queria mostrar-lhes o alcance pleno de Seu amor (Jo 13.1-12).

Poucos incidentes apresentam de forma tão clara a personalidade de Jesus e Seu amor de maneira tão perfeita quanto este. Jesus sabia que todas as coisas estavam em Suas mãos, que a hora de Sua humilhação estava perto, mas também sabia que se aproximava a hora de Sua glória. Sabia que não faltava muito tempo para sentar-se no próprio trono de Deus. Como um ser humano, esse pensamento e perspectiva poderia tê-lo enchido de orgulho. Entretanto, sabendo qual era Seu poder e Sua glória, lavou os pés de Seus discípulos, demonstrando uma humildade acima do imaginado. Jesus sabia que tinha vindo do Pai e que para Ele voltaria e, no momento que estava mais perto de Deus, o que Ele fez? Desceu às profundidades e os limites de Seu serviço aos homens.

Lavar os pés dos convidados em uma festa era o trabalho dos escravos. Esperava-se que os discípulos de um rabino o atendessem em suas necessidades pessoais, mas jamais se sonhou um mestre em um serviço como este. Nos dias de Jesus, lavar os pés era uma tarefa reservada não apenas para os criados, mas para o mais baixo dos criados. O servo que estava no ponto mais baixo na escala era o que tinha que ajoelhar-se com a toalha e a bacia. Para ensinar lições de humildade, Jesus se humilha diante de simples galileus, discípulo por discípulo.

Ele era o maior, mas não se importou em lavar-lhes os pés. A mão que lavava aqueles pés era a mesma mão que formou o homem, que sustenta o universo, que pesou os montes e outeiros em balanças, que mediu com o Seu punho as águas (Is 40.12). Agora, esta mesma mão, que tudo sustenta e cria, está lavando os pés sujos e empoeirados de Sua própria criação. Com este ato, Jesus está nos ensinando que o maior título da eternidade é o de servo (Mc 10.45).

A humildade faz o homem se despir. Tirar a roupa foi uma mensagem de humildade. Em outras palavras, humildade é ser como se não fosse e ter como se não tivesse. Hoje, infelizmente, muitos honram mais os títulos que a pessoa, o diploma se tornou maior que o diplomado. Neste texto, Jesus está dizendo que o amor é maior que a posição e que ser grande no Seu Reino é ter a capacidade de tornar-se servo. Ele fez isso para provar o Seu amor.

Em Seus últimos momentos de vida antes da crucificação, Jesus faz uma declaração que marcaria para sempre aquele momento. Jesus fez amigos em Sua relação com os homens. Ao lavar os pés dos discípulos, Ele apresentou um amor sem barreiras, um amor que nunca pediu nada em troca. Jesus não teve medo de amar (1Jo 4.18-20). Lavou os pés, até mesmo, daquele que o iria trair. Ele nunca desistiu de amar. Quem pode resistir a um amor como esse?

EM QUE CONSISTE O AMOR

Em 1João 4.10-11, a Bíblia nos diz que Deus nos amou primeiro. A maior característica do amor divino é que ele sempre está disposto a "dar", sempre oferece, jamais espera reciprocidade. João diz que Deus está em nós e é por esse motivo que somos capazes de amar (1Jo 4.12). Ele também afirma: "Amados, se Deus assim nos amou, também nós devemos amar uns aos outros (1Jo 4.11).

João está nos ensinando que o amor é um exercício prático. Amando uns aos outros, o amor de Deus se aperfeiçoa em cada um de nós (1Jo 4.12b). Ao lavar os pés de Seus discípulos, Jesus deixa bem claro que poderia ter muitos inimigos, mas não era inimigo de ninguém. A bondade de Jesus lavava os pés de um traidor que, momentos depois, estaria no pátio de Caifás, entregando Seu Mestre por trinta moedas que jamais usaria.

No Antigo Testamento, o sacerdote andava descalço ao dirigir-se em direção ao lugar santo para efetuar o sacrifício de perdão pelo povo. Sua roupa cobria todo o corpo e somente as mãos e os pés ficavam descobertos. Ele deveria lavar os pés porque estava em contato com a terra e, em seguida, lavar as mãos contaminadas pelo que pegava. Na caminhada em direção ao santuário de Deus, o mais santo dos homens também se contaminava. Lavar os pés significa a oportunidade de voltar a caminhar. Ao lavar os pés dos discípulos, Jesus está dizendo: "Sei que vocês vão errar, mas já estou preparando o caminho de volta".

O QUE SIGNIFICA PERDOAR

É apagar completamente uma ofensa, assumindo todos os prejuízos, difamações, sendo ignorado e até ridicularizado pelo ato de perdoar. É lançar toda ofensa fora de si, fora do relacionamento, é ignorar a ofensa e não o ofensor. Não é ficar lembrando erros passados. Perdoar é ter a capacidade de conviver com defeitos sem ter que se preocupar com uma nova investida. É o caso de Judas. Jesus jamais o tirou da mesa da comunhão, nunca expôs seus defeitos para os outros discípulos, nunca retirou o seu cargo e no dia da traição ainda o chamou de amigo.

NÃO EXISTE AMOR SEM PERDÃO

O perdão é a prova mais convincente de que existe amor divino em nossos corações (Rm 5.8). A força máxima do amor de Deus está no perdão incondicional. Deus provou o Seu amor, nos perdoando. O amor e o perdão são intrínsecos, havendo amor haverá perdão e não havendo perdão é porque o amor é inexistente (1Jo 3.8). O amor verdadeiro só tem uma atitude: "dar". Deus amou o mundo de tal maneira que "deu" (Jo 3.16). A grande prova do amor de Deus para com a humanidade é resumida no ato de "dar" sem qualquer intenção de reciprocidade. O amor é fruto do Espírito e está ligado a mais oito componentes (Gl 5.22).

Sendo o amor fruto do Espírito, só é possível exercitá-lo quando o Espírito Santo tem primazia em nossas vidas. Uma vida que não é controlada pelo Espírito Santo desconhece totalmente a prática infinita do amor. O Espírito Santo pede passagem em nossas vidas. Quer nos lavar com Suas poderosas águas. Precisamos desenvolver Seu fruto. Paulo disse que sem amor nada se aproveita (1Co 13). Quem tem o amor de Deus sabe conviver com as pessoas, sabe resolver questões, sabe perdoar, sabe oferecer perdão, promulga a paz e faz a diferença nesta vida.

O QUE FAÇO AGORA TU NÃO ENTENDES

Jesus conhece o futuro dos pés que está lavando. Ele sabia perfeitamente que, ao ser traído, Seus discípulos fugiriam amendrontados, não defenderiam Sua causa, esqueceriam o maravilhoso plano e Seus ensinamentos. Sabe que após a traição estarão envergonhados, porque abandoná-lo também é trair. Todavia, quer que percebam que Seus pés estão limpos e que só entenderão depois o significado daquele momento (Jo 13.7).

Jesus Cristo sempre está limpando nossas vidas, por mais santo que seja o ser humano, torna-se impossível viver neste mundo sem se manchar. João diz que aquele que é nascido de Deus não peca, todavia, cita a célebre frase: "mas se pecar" (1Jo 2.1b). E diz: "Se dissermos que não pecamos, fazemo--lo mentiroso, e a sua palavra não está em nós (1Jo 1.10). Jesus ainda limpa os pés de Seus discípulos. Ainda lava as manchas, ainda purifica as pessoas. Ele se curva e vê os atos mais insanos e mais obscuros de nossas vidas, mas, em vez de retrair-se de horror, sempre está disposto a estender Sua mão com bondade (Mt 8.2-3). Jesus está sempre disposto a perdoar aquele que O busca de todo o coração. O perdão e a purificação estão presentes no simples ato da confissão voluntária diante do Senhor (1Jo 1.9b).

Diferente de Jesus, somos seletistas. Queremos amar somente aqueles que nos convém amar. Elogiamos os fortes, admiramos os famosos, desejamos ficar do lado dos bons, de quem gosta de nós. Se alguém nos magoa, não queremos nem chegar perto. Jesus que amemos acima dos defeitos, acima das decepções, sem criticar, sem excluir, que amemos até o fim. Jesus quer que lavemos os pés como Ele foi capaz de lavar.

Naquele local só havia uma pessoa digna de ter os pés lavados, mas foi exatamente Ele quem se submeteu aquela tarefa. Aquele que merecia ser servido foi quem serviu. Jesus está nos ensinando que pedir perdão é algo comum para quem errou, mas, no Seu Reino, o inocente é quem faz a ponte de reconciliação. Talvez você diga: eu não sou como Jesus. Realmente você não é, mas precisa ser, pois Ele disse: "Basta ao discípulo ser como seu mestre" (Mt 10.25). Se Cristo está em nós, podemos agir como Ele agiu (Mt 5.43-48).

O Evangelho não é um mar de felicidades, isento de aborrecimentos. Jesus disse que iríamos aborrecer familiares, amigos e até nossa própria vida (Lc 14.26). Esse é o preço do discipulado. Para sermos considerados filhos de Deus, devemos seguir os seguintes critérios: amar o inimigo, abençoar quem nos amaldiçoa, fazer bem a quem nos odeia, ser perfeitos como o próprio Deus.

COMPREENDENDO A LIÇÃO DE LAVAR PÉS

Ao lavar os pés dos Seus discípulos, Jesus deixou uma mensagem universal para todos aqueles que desejam segui-Lo. O perdão estendido naquele ato ultrapassa as cadeias da eternidade e se estende até o plano final (Jo 13.8). Jesus traz em Sua atitude o vislubre daquilo que ocorreu na eternidade. João 13.4-5 nos diz que Ele tirou Suas vestes, cingiu-se com uma toalha, pegou a água, se ajoelhou e começou a lavar os pés de cada discípulo. Eles não poderiam entender o que estava ocorrendo, mas, implicitamente, o texto revela Sua autonegação, Seu esvaziamento de si e Sua misericórdia. O plano da salvação se revela para nós em Suas palavras.

ENTENDEIS O QUE VOS TENHO FEITO?

Após o diálogo com Pedro acerca de lavar o pés, Jesus continua Seu intento e João relata algo surpreendente (Jo 13.12). O texto diz que após lavar os pés dos discípulos, Jesus retomou Suas vestes, sentou-se à mesa e lhes perguntou: "Entendeis o que vos tenho feito?". O plano salvífico de Cristo está revelado aqui. Ele se desapossou de Sua glória e majestade, se humilhou e, após efetuar a salvação das nossas almas, foi revestido de glória e majestade e sentou-se à direita de Deus (Hb 10.12; 1Pe 3.22).

A GRANDE LIÇÃO

"Porque eu vos dei o exemplo, para que, como eu vos fiz, façais vós também." (Jo 13.15)

Jesus deixou para Seus discípulos uma maneira apreciável de viver: amor e humildade. Jesus era o maior, mas abriu mão de Sua posição para ensinar que vale a pena amar acima dos defeitos e das fraquezas humanas de nossos semelhantes. Se Ele se faz presente em nós, seremos transformados na Sua mesma imagem (2Co 3.18). Jesus ensinou que estando acima das pessoas teremos dificuldades em distingui-las. Esta é a dificuldade de viver nas alturas. Mas, ao descer, podemos nos relacionar com elas e conhecê-las de perto e melhor.

Nas alturas não conseguimos discernir as vozes e nossa visão fica embaçada. Embaixo, as relações podem ser resolvidas, podemos solucionar conflitos apenas com uma bacia de água. Que possamos aprender a lavar pés como Jesus nos ensinou. O Evangelho de Jesus Cristo deve ser praticado, vivido e, acima de tudo, respeitado. Nos dias atuais vemos pessoas preocupadas com seus títulos e suas posições, mas, pouco se importando com o caráter cristão.

Seguir a Cristo é copiar seus exemplos de vida e não viver para si mesmo. Soberbos e altivos serão descartados desse Reino, mas aqueles que se dispuserem a lavar pés terão acesso garantido às mansões celestiais (Fp 2.5-8).

VIII

REMENDOS, ODRES E VINHO NOVO

"Então chegaram ao pé dele os discípulos de João, dizendo: Por que jejuamos nós, e os fariseus, muitas vezes, e os teus discípulos não jejuam? E disse-lhes Jesus: Podem, porventura, andar tristes os filhos das bodas, enquanto o esposo está com eles? Dias, porém, virão em que lhes será tirado o esposo, e então jejuarão. Ninguém deita remendo de pano novo em vestido velho, porque semelhante remendo rompe o vestido, e faz-se maior a rotura. Nem se deita vinho novo em odres velhos; aliás, rompem-se os odres, e entorna-se o vinho, e os odres estragam-se; mas deita-se vinho novo em odres novos, e assim ambos se conservam." (Mt 9.14-17)

OS DISCÍPULOS de Jesus estavam alegres, um sentimento que não podiam evitar enquanto Jesus estava com eles. Já os discípulos de João estavam tristes. João estava preso e à beira da morte. Intrigados e dominados por forte tensão emocional, eles vão até Jesus. Os discípulos de João não compreendiam aquele momento. Em sua concepção, a transição entre João Batista e Jesus ainda era um mistério. Eles também não compreendiam o ministério de Jesus nem o estilo de vida que levava. João era explosivo, Jesus dócil e gentil. João separado, Jesus falava com todos.

Jesus sabia perfeitamente bem que tinha vindo com uma mensagem surpreendentemente nova. Ele também sabia que sua vida e seu comportamento diferiam chocantemente dos que eram habituais a um ortodoxo rabino judeu. Sabia quão difícil era para os homens aceitar e sustentar essa nova verdade.

Não houve homem algum com a capacidade que Jesus teve para o descobrimento e o uso de exemplos extraídos da vida comum. Ele sempre se utilizava da natureza, ou das coisas simples e singelas, como atalhos e sinais que conduzem a Deus. Ninguém foi jamais tão perito como Ele, para passar do "aqui e agora" até o "lá e o então". Para Jesus, "a Terra estava cheia de céu".

Nessa passagem, Jesus nos alerta quão perigoso é pôr um remendo de tecido novo em um vestido velho. O termo que usa nesta passagem indica que o tecido novo era um ainda não tratado para não encolher. Remendando-o com o tecido novo, em contato com a chuva, o emplastro se encolhia e, sendo muito mais forte que o tecido mais velho, certamente rasgava o vestido. Sempre chega um momento em que já não se pode pôr mais remendos. Então, a única alternativa é abandonar os remendos e recriar a coisa.

Segundo o costume da época, o vinho era guardado em odres de couro. Não havia garrafas como as que conhecemos atualmente. Quando esses odres eram novos, possuíam certa elasticidade, mas, conforme iam envelhecendo, endureciam-se e perdiam sua elasticidade. Assim era Jesus e Sua doutrina. Sua palavra era como esse vinho, mas precisava de mentes apropriadas, as quais pudesse derramá-lo sem que se perdesse e estragasse o odre. Jesus veio ao mundo apresentar o modelo correto. Ele veio explicar o que os religiosos complicavam.

O CHOQUE ENTRE O NOVO E O VELHO

O problema não estava no vinho, estava no odre. Não estava no remendo, estava na roupa velha. A estrutura religiosa da época produziu transtornos e impedimentos para aqueles que desejavam conhecer a Deus e servi-lo de todo seu coração (Mt 23.3-4, 13). Jesus estava dizendo que velho com velho se assimilava, mas continuava inerte. Na verdade, o velho judaísmo não poderia conter o vinho novo de Cristo, porque a fé cristã iria irromper e cresceria ao ponto de romper aqueles velhos odres daquela organização. A velha roupagem deveria ser trocada. Jesus não veio propor remendos, não veio misturar conceitos, veio acrescentar algo novo. Todavia, alertou o que o "novo" provocaria: ou faria roturas ou explodiria os odres. O provérbio de Jesus sobre o remendo novo na roupa velha saiu facilmente de Sua própria vida. Ele não poderia ser contido dentro das velhas fórmulas e rituais dos fariseus; Ele romperia o molde! A nova mensagem que Ele ensinava teria que ser acompanhada por novos métodos de adoração. Todos sabem que se tentarmos remendar nosso velho homem com um pouquinho de ensinamento do Evangelho ou sempre que tentarmos simplesmente derramar alguma espiritualidade dentro de nossas velhas vidas, o resultado será um desastre colossal, pois apenas uma reforma completa servirá. Afinal o velho é irreparável e tem simplesmente que ceder lugar ao novo. Isso se ajusta com a exigência de Jesus de que nasçamos de novo (Jo 3).

O judaísmo rabínico, com suas corrupções farisaicas, estava além da recuperação. Sua atitude estava tão afastada do espírito da Lei e dos profetas que o único meio de ir além dela era saindo. A incredulidade judaica vigente recusou-se a renunciar aos seus caminhos tradicionais para receber a Palavra de Deus e crucificou Jesus. Os judaizantes da Igreja Primitiva relutavam em deixar a Lei pelo Evangelho e, em seu esforço para acomodar o Evangelho à Lei, manobraram para rasgar e destruir tudo (Gl 1.6-9; 5.3-4).

O vinho novo do Evangelho não é destinado a nos deixar confortáveis, mas a nos fazer novos, pois o vinho representa Jesus

Cristo e os odres representam o coração do homem. Desta forma, é indispensável que o homem se submeta à mudança de seu coração, substituindo o velho ruim pelo novo excelente (2Co 5.17).

UMA PALAVRA DE ALERTA

"Ninguém põe vinho novo em odres velhos. Se alguém fizer isso, os odres rebentam, o vinho se perde, e os odres ficam estragados." (Mt 9.17)

Ao fazer tal declaração, Jesus fazia menção ao fato de que as coisas novas que Ele ensinava referentes ao Reino de Deus não poderiam ser armazenadas nos velhos costumes daqueles judeus. Numa aplicação mais prática, torna-se impossível alguém receber as coisas de Deus a menos que mude seu modo antigo de viver. Tentar absorver as coisas de Deus e tentar aplicá-las à velha natureza só resultará em um rombo ainda maior ou em desperdício. Não é possível guardar a Palavra de Deus naquilo que éramos antes, porque inevitavelmente nosso odre se romperá.

A partir do momento que somos novas criaturas em Cristo Jesus, o Espírito Santo de Deus nos enche de gozo espiritual e, conforme perseveramos na fé e melhorando como pessoas, vamos nos transformando num vinho todo especial que será tanto provado quanto aprovado pelo Senhor. Devemos avaliar que tipo de odre é o nosso coração e que tipo de vinho está dentro dele. Deus oferece oportunidade através de Seu Filho Unigênito (Jo 3.16), para que todos nós desfrutemos da maior de todas as bênçãos: a salvação eterna.

Quando Jesus fala de vinho novo, fala de si mesmo agindo dentro de cada um de nós. Mas, quando fala de vestes, fala de nos despir da roupagem do pecado e do egoísmo que não pode sofrer remendos (1Pe 5.5). Nossas vestes têm que ser totalmente sem costura, como eram Suas vestes (Jo 19.23b). Jesus falou da rotura que aconteceria com o remendo e com o odre. Mudanças são inevitáveis e, segundo o parecer de Jesus, é desejável que elas ocorram. Todavia, com as mudanças surgem os problemas e mudar não é fácil. Muitos de nós ficamos com a sensação de perda quando acontecem repentinas transformações em nossas vidas ou na organização a que nos achamos ligados.

Ajustar-se às mudanças e abrir mão daquilo a que estamos acostumados se torna o fator de maior dificuldade para nós. Além da sensação de perda, as mudanças trazem dor e dificuldades. Os doutores da lei da época de Jesus estavam assustados porque o povo estava maravilhado e dizia que Jesus tinha autoridade e não ensinava como eles (Mt 7.28-29). O problema da dureza dos antigos fariseus era persistir em acreditar que o vinho velho da Lei era melhor (Lc 5.39).

O problema dos discípulos de João começou quando João disse: "convém que Ele cresça e eu diminua" e piorou quando foi posto na prisão. Jesus apareceu com um estilo de vida e ministério completamente diferentes do que eles esperavam. Precisamos estar prontos para mudanças, para provar um vinho novo e uma nova veste. A religião que os fariseus tanto praticavam era como um vestido velho, para o qual seria inútil um pedaço de pano novo.

O sistema que Jesus veio anunciar não era algo impregnado numa velha ordem, mas algo extremamente novo. Jesus não poderia de forma alguma colocar as novas verdades em uma fórmula desgastada como a que os fariseus estavam acostumados a viver. Jesus esnsinou que não se pode ter duas cordas em nosso arco, isto é, confiar nEle para a salvação e ao mesmo tempo confiar em nossas próprias obras. Ou estamos debaixo da Lei ou debaixo da graça. Não existem remendos.

CRISTO NOS PROPÕE UMA ROUPA NOVA

Quando uma roupa se rasga, temos diversas opções: podemos não usá-las mais; podemos ignorar as rachaduras e vesti-las assim mesmo; colocar nelas um remendo novo e vê-las rasgarem-se outra vez; remendá-las com um pano de um mesmo tecido, da mesma idade, para prolongar um pouco mais o seu tempo de vida útil; ou comprar uma roupa nova que resistirá ao desgaste de movimentação e das constantes lavagens. Jesus não veio criar soluções para coisas que tem um tempo de validade. Ele veio mudar radicalmente as organizações humanas e presidi-las a partir de Seu caráter.

Jesus deixou bem claro que as pessoas não são a roupa em si; elas apenas as usam. O princípio de falar acerca do remendo é o desgaste da velha roupa. Jesus excluiu qualquer obra reparadora. Ele não queria aproveitar um pedaço de pano encolhido, que não passou por inúmeras lavagens. Ele não propõe uma mistura. Ele se refere a uma roupa nova, limpa e não amarrotada. Seu pedaço de pano jamais servirá para uma veste usada. Ele sabe que no primeiro esforço a veste se romperá, rasgará o tecido ao redor e a ruptura será ainda maior.

O vinho aborda o que acontece em nosso interior e a roupa vai consolidar que tipo de vinho temos provado. O vestido velho representa a vida comum daqueles que não tem compromisso nem afinidade com Deus, o novo fala da santidade e do efeito causado pela vida de Cristo em cada um de nós. Jesus comparava todo sistema religioso de Sua época como um odre velho. Os odres a que Jesus se referia eram confeccionados de pele ou couro de animais, eram feitos em diversos modelos e usados como recipientes para conter o vinho durante o processo de fermentação. O problema do odre velho era o vinho novo. Ninguém que entendesse do assunto ousaria colocar um vinho novo em um odre velho, que perdera sua elasticidade, pois na hora da fermentação esse vinho arrebentaria o odre ressecado pelo tempo.

JESUS E O VINHO NOVO

Um grande exemplo de vinho está no acontecimento das bodas de Caná, onde Jesus principiou seu ministério transformando a água em vinho (Jo 2.1-12). Quando observamos a composição da água e comparamos com a vida humana, comprendemos perfeitamente a proposta de Jesus para os nossos dias. A água é sem cor, sem cheiro e sem sabor. Quantas vidas não estão assim atualmente? O mestre-sala ficou admirado e declarou:

"Tu guardaste até agora o bom vinho." (Jo 2.10b)

Mas, esse bom vinho guardado até agora, que é diferente de tudo o que já se pode viver, só poderá ser derramado em um odre novo. O odre representa nossa própria vida e consciência. Enquanto não estivermos completamente vazios de nós mesmos, não poderemos ser preenchidos com esse vinho maravilhoso e transformador. O detalhe é que o vinho fermentará, isto significa que precisamos estar prontos para crescer. Outro fator importante é que, sendo nós os odres e Jesus o vinho, temos a convicção que nos tornaremos a Sua morada (Jo 14.23).

SE O VINHO SE PERDER, PARA QUE SERVIRÁ O ODRE?

O fator que mais nos entristece é vermos odres, que serviram bem no passado, endurecidos e totalmente ressequidos. Às vezes é difícil admitir que, durante o processo de fermentação do vinho, a elasticidade do odre é incapaz de suportar. O couro não tem mais flexibilidade para acompanhar a expansão, está se rompendo a cada instante e o vinho está se perdendo. Vivemos com a síndrome de Adão. Adão culpou a Eva, que repassou para a serpente, que não tinha para quem repassar e ficou com toda a culpa. É uma pena que algumas pessoas não compreendam que precisam mudar.

Dizemos que as pessoas são rebeldes, infiéis, irresponsáveis, preguiçosas, materialistas, indisciplinadas, extremistas, sem visão, incrédulas, incompetentes, etc. Será que poderíamos algum dia considerar a possibilidade de que muitos dos defeitos das pessoas se devam as desilusões que a nossa organização está lhes causando? Os fariseus estavam derramando o vinho. Seus odres estavam totalmente ressecados, mas, preferiram dizer que Jesus blasfemava, que tinha demônios e que era um farsante, a acreditar que precisavam de mudanças.

Conforme o tempo passa, algumas coisas precisam ser substituídas. Não porque o Evangelho muda, mas porque o próprio Evangelho exige e produz mudanças. O processo de se colocar vinho novo em odres novos não acontece de uma vez, mas, repetidamente e periodicamente torna-se necessário uma atualização dos odres. A Igreja precisa construir estruturas novas, ou seja, odres novos para os séculos em que vivemos. O mundo não se interessa mais por odres velhos, uma Igreja que não vive um Evangelho vivo, que não faz a diferença e que não desperta interesse.

As igrejas precisam apresentar Jesus e não um cristianismo ressecado e adulterado. Muitas igrejas tentam fermentar um vinho novo em vez de jogar fora os odres velhos. Para um Evangelho radicalmente bíblico, precisamos de uma Igreja radicalmente bíblica. Para um vinho sempre novo, devemos ter continuamente odres novos. Existem duas coisas que um odre novo nunca fará. Uma é impedir o crescimento e a expansão do vinho que Jesus derrama, a outra é derramar o vinho que Jesus nos concede.

Os religiosos que Jesus recriminou e, que se tornaram seus inimigos, procuravam reconhecimento e mérito pela observância externa de ritos e formas de piedade, como lavagens cerimoniais, jejuns, orações e esmolas, mas, negligenciavam a genuína piedade e orgulhavam-se em suas boas obras. Tinham esperança de que os mortos, após uma experiência preliminar de recompensa ou penalidade no Hades, seriam novamente chamados à vida e recompensados, cada um de acordo com suas obras individuais.

Quando Jesus falou sobre remendos e odres, eles compreendiam muito bem o que Jesus estava combatendo: uma religião vazia e sem qualquer esperança para o perdido pecador.

ODRES VELHOS PODEM AINDA SER RENOVADOS

Naqueles tempos, quando o odre era velho e não se expandia mais, colocavam-no em um cepo (tora de madeira) e o surravam com um porrete. Assim se obrigava o odre a expandir-se. Essa tradição também pode ser aplicada à nossa realidade, pois há pessoas que se fecham para a Sua Palavra e de certo modo obrigam Deus a forçar seu crescimento. Como este crescimento não é espontâneo, natural, pode acarretar algum sofrimento, no entanto, melhor crescer com alguma dor do que permanecer vazio por toda a eternidade.

Deus deseja que estejamos sensíveis. Ele quer derramar Seu vinho novo em odres que tenham condições de recebê-Lo. E, se é possível recondicionar outra vez um odre rígido, Ele o fará como o oleiro molda o vaso que deseja transformar. Existem três maneiras de se reaproveitar um odre e torná-lo flexível outra vez.

1 - O odre deve ser mergulhado na água

Os especialistas e entendidos do processo de reaproveitamento do odre tinham por costume deixar os odres enrijecidos em um recipiente com água e imergi-lo durante algum tempo ou semanas. Após esse processo, o odre era retirado e colocado em outro recipiente que, em vez de água, continha azeite. Teminado os dias de cura, era retirado e, já amolecido, se passava uma escovinha de aço sobre o odre. Escovava-se até que toda a crosta saísse. Assim, o odre estava pronto para receber o vinho novo e suportar o momento de sua fermentação.

O primeiro passo para uma renovação é a Palavra de Deus. Infelizmente, esse processo não faz parte da disciplina de muitas pessoas. Existem pessoas que sequer leem a Bíblia. Se não ouvissem a pregação nos cultos, talvez nunca se alimentassem. O alimento da vida espiritual do cristão é a Palavra de Deus. Sem ela, a morte não tarda a chegar.

2 - O odre deve ser posto no óleo

Água e azeite são composições perfeitas para o desfecho final da obra redentora de Cristo. É interessante como Deus trabalha em Sua Igreja. Enquanto a água da Palavra penetra em nossos odres para nos desintoxicar das impurezas do pecado, o azeite, símbolo do Espírito Santo, vem nos apresentar a maravilhosa graça de Jesus Cristo e nos capacitar para enfrentar as adversidades do mundo no qual vivemos.

No processo de renovação do odre, a água exerce sua função, mas o azeite é indispensável, pois ambos trabalham em conjunto. O problema dos fariseus e doutores da época de Jesus era que conheciam tudo da Lei, mas Deus se apresentou vivo e com infalíveis provas diante deles e não o puderam reconhecer porque lhes faltava azeite em suas lamparinas. Jesus disse: "vocês coam um mosquito e engolem um camelo" (Mt 23.24). A Palavra e o Espírito são a dupla de ouro de uma Igreja vencedora.

3 - O odre deve ser escovado para a retirada das impurezas

O último processo parece ser muito doloroso para o odre ser posto outra vez em atividade. É o processo da escova de aço. Todavia, devemos observar que Deus tem uma maneira especial de trabalhar, com fases distintas e espetaculares. Primeiro, a água, a salvação brotou primeiro; segundo, azeite, o mover do Espírito Santo em nossas vidas; Terceiro, a escova, a remoção das impurezas. O processo da escova é longo. Jesus disse que para nos tornarmos Seus discípulos a condição era de renúncia (Lc 9.3).

No processo da escova, somos convocados a sacrificar no altar as coisas que ocupam lugar em nosso odre e impedem que o vinho da presença de Deus venha preencher todos os espaços de nosso ser. Abraão, Jó, Daniel, e muitos outros, passaram pelo processo da escova. Mas, uma coisa é certa, jamais foram esquecidos. Eles se tornaram exemplos para sua posteridade. Todos, mais cedo ou mais tarde, passaremos pelo processo da escova.

Deus quer nos levar a um novo nível de glória e em um novo nível de glória não se pode ficar com velhas estruturas. Deus tem um novo vinho, mas não se pode por o vinho novo com o velho, primeiro tem que se esvaziar o velho. A Bíblia nos ensina não só a receber vinho novo, mas a prepararmos odres novos. As coisas novas de Deus não podem ser aplicadas a uma natureza velha, pois, o resultado seria o desperdício e uma rotura ainda maior".

IX

O SOLO E A SEMENTE

"Eu mesmo te plantei como vide excelente, uma semente inteiramente fiel; como, pois, te tornaste para mim uma planta degenerada, de vide estranha?" (Jr 2.21)

"E, quando semeava, uma parte da semente caiu ao pé do caminho, e vieram as aves e comeram-na; e outra parte caiu em pedregais, onde não havia terra bastante, e logo nasceu, porque não tinha terra funda; mas, vindo o sol, queimou-se, e secou-se, porque não tinha raiz. E outra caiu entre espinhos, e os espinhos cresceram e sufocaram-na. E outra caiu em boa terra e deu fruto: um, a cem; outro, a sessenta; e outro, a trinta." (Mt 13.4-8)

A PARÁBOLA DO semeador trata da vida cotidiana e de como reagimos após ter recebido a Palavra de Deus. Devemos ter em mente que nem mesmo os discípulos puderam compreender seu significado. Caso não tivessem sido esclarecidos, seria para eles impossível compreender as demais parábolas (Mc 4.13).

JESUS E AS PARÁBOLAS

O termo parábola significa "colocar ao lado". Trata-se de uma história ou comparação colocada lado a lado com algum outro conceito, a fim de esclarecer uma lição. O que vemos aqui, porém, não são parábolas comuns; Jesus as chama de "mistérios", um segredo descoberto, que será conhecido apenas pelos mais íntimos (Mt 13.11). Estima-se que todo grande ensino começa pelo aqui e agora para chegar ao além e então. Se alguém deseja ensinar as pessoas algo que estas não entendem, deve começar por aquilo que eles conheçam.

O ensinador aplica o que é conhecido para anunciar o desconhecido. A parábola começa com o material que está perto e que todos entendem porque pertence à sua própria experiência. A partir disso, a parábola os conduz a coisas que não entendem e lhes abre os olhos a coisas que não tinham visto antes. A parábola abre a mente e os olhos do homem a partir do lugar onde este homem se encontra e o conduz ao ponto onde deveria estar. A parábola sempre transforma a verdade em algo concreto.

Toda ideia fundamental deve adquirir uma forma e uma imagem em uma pessoa. A primeira grande qualidade da parábola é transformar a verdade em uma imagem que todos podem ver e compreender. A grande virtude didática das parábolas ensinadas pelo Mestre era o despertar do interesse. A forma mais segura de interessar as pessoas era-lhes contando histórias, porque não se pode obter a atenção daqueles que não se interessam pelo que lhes é dito. A parábola tem a grande virtude de permitir e obrigar o homem a descobrir a verdade por si mesmo.

A parábola do semeador descreve como começa o Reino de Deus: com a pregação da Palavra, ilustrada pelo plantio de uma semente no coração das pessoas. A semente é a Palavra de Deus, os vários tipos de solo representam os diferentes tipos de coração e os resultados diversos refletem respostas diferentes à Palavra de Deus. O que Jesus descreve aqui não é um período de grandes colheitas, mas sim, um tempo em que a Palavra de Deus seria rejeitada, e ilustrou cada reação humana de acordo com o lugar onde a semente foi semeada.

A PALAVRA DE DEUS APRESENTADA EM FORMA DE SEMENTE

Por que comparar a Palavra de Deus a sementes? Porque a Palavra é "viva e eficaz" (Hb 4.12). Ao contrário das palavras dos homens, a Palavra de Deus tem vida, que pode ser concedida àqueles que creem. A verdade de Deus deve se arraigar no coração, ser cultivada e estimulada a produzir frutos. O fruto é o que comprova a verdadeira salvação (Mt 7.16; Lc 6.43). Aqui observamos uma surpreendente realidade: três quartos das sementes não produziram frutos (Mc 4.14-20).

Essa parábola indica uma grande verdade acerca do cultivo divino. Nem todas as sementes irão germinar. E, sendo ela uma parábola mestre, se não pudermos entender o que sua mensagem claramente diz, como foi o caso dos discípulos, não poderemos também aceitar o fato de que existam verdadeiras e falsas conversões por toda a extremidade do planeta. Isso sempre irá ocorrer em qualquer lugar que o Evangelho for pregado. Jesus apresentou várias situações com as quais seremos capazes de identificar o nível que estamos vivendo, e, até mesmo, que tipo de solo é o nosso coração.

Primeiro, Jesus fala sobre aquele que ouve a Palavra e não entende. Segundo, Ele fala sobre a pessoa que não tem raiz em si mesma e abandona o Evangelho por causa das provações e decepções. Terceiro, Ele fala sobre aquele que ouve, mas os cuidados do mundo e a sedução das riquezas abafam a Palavra. Por último, Jesus fala sobre o que produz fruto porque é boa terra (Mt 13.19-23; Jo 5.39; Os 6.3).

Jesus nunca se deixou impressionar pela grande multidão que o seguia. Ele sabia que a maior parte dessas pessoas jamais produziria os frutos de uma vida transformada. Ele compara o coração humano como um solo fértil que deve estar preparado para receber a boa semente de modo que esta crie raízes e produza bons frutos. É bom atentar para o que Jesus está ensinando, pois, o coração humano sempre será o alvo de falsos ensinos, falsas paixões e, até mesmo, de uma falsa salvação. A Bíblia fala de cristãos falsos (2Co 11.26), que acreditam num evangelho falso (Gl 1.6-9), que forjam uma falsa justificação (Rm 10.1-3), e, que no final dos tempos, chegarão ao cúmulo de produzir um falso Cristo (2Ts 2.1-12).

A parábola exposta por Jesus apresenta a semente (a Palavra de Deus) e o solo (o coração humano). Ela ensina que a revelação do mistério é para aqueles cujo coração é receptivo. No entanto, para os insensíveis, a verdade se encontra coberta por um véu (2Co 3.16). A parábola apresenta a semente sendo lançada em diferentes locais e cada local se manifesta de uma maneira e produz um resultado diferente ao recebê-la. Aqui podemos destacar pelos menos três tipos de coração representados em cada semeadura.

O CORAÇÃO ENDURECIDO

O crescimento excelente ocorre tanto para cima quanto para baixo, ao mesmo tempo. Se nosso coração permanece endurecido e não está sendo nutrido pela graça de Deus, a boa semente pode germinar por um tempo, mas murchará depois. Sendo assim, o ponto fundamental apresentado aqui é firmar as raízes. E o que nos leva a firmar raízes? Não é a quantidade de mensagens que ouvimos, mas sim aquilo que entendemos. A beira da estrada é passagem de muitos transeuntes, o que torna a terra endurecida e dificulta que a raiz da semente se aprofunde. Observe o que disse Jesus:

> *"Ouvindo alguém a palavra do reino, e não a entendendo, vem o maligno e arrebata o que foi semeado no seu coração; este é o que foi semeado ao pé do caminho." (Mt 13.19)*

Perceba que a semente chegou apenas à superfície, mas não penetrou o solo. A representação aqui são as pessoas destituídas de percepção espiritual. Pessoas cuja verdade jamais penetra na alma, para que haja uma profunda transformação. Como seus corações são impenetráveis, o maligno vem e arrebata a verdade neles semeada. As "aves" representam os agentes do maligno (Mt 13.4).

O CORAÇÃO SUPERFICIAL

"Porém o que foi semeado em pedregais é o que ouve a palavra e logo a recebe com alegria; mas não tem raiz em si mesmo; antes, é de pouca duração; e, chegada a angústia e a perseguição por causa da palavra, logo se ofende." (Mt 13.20-21)

Temos nessa parte uma semente fértil. Ela cai em meio às pedras e mesmo assim ela brota. E outra vez nos reportamos ao problema de criar raízes, ter fundamento necessário para sobreviver. O que vale aqui não é o tempo em que se está em algum lugar, mas o alicerce necessário para sobreviver. Jesus fala de receber com alegria. Quantos não conhecemos que começaram assim e, de repente, se foram para nunca mais voltar? O problema de sua pouca duração é não ter raiz em si mesmo. Assim, vindo a angústia e a perseguição por causa da Palavra, o tal se ofende, abandona tudo e se vai.

Essa segunda semente caiu em meio às pedras e logo nasceu porque não tinha terra funda. Jesus está falando de nascimentos precoces, emotivos, até forjados por uma mídia e que não são solidificados, não alcançaram profundidade. Ele diz que o sol queimou a semente e ela se secou porque não tinha "raiz". Jesus as define como pessoas que ouvem a Palavra e logo a recebem com alegria, mas essas pessoas saem da presença de Deus com facilidade porque não firmaram sua fé. São crentes emocionais que, ao sentirem o peso da angústia e as perseguições por causa da Palavra, se ofendem e vão embora (Mt 13.20-21).

Esse é um quadro típico das pessoas que encontramos afastadas de Cristo na atualidade. Elas sempre estão culpando alguém por estarem de fora. Não existem culpados, quando, na verdade, não alcançamos profundidade. O que essa parábola nos ensina? Ensina que todo dia é dia de aprender, de se aperfeiçoar, de crescer e de melhorar. Não podemos viver o hoje com a comida de ontem (Os 6.3).

O CORAÇÃO ABARROTADO

"E o que foi semeado entre espinhos é o que ouve a palavra, mas os cuidados deste mundo e a sedução das riquezas sufocam a palavra, e fica infrutífera." (Mt 13.22)

Jesus destaca duas coisas que podem sufocar a Palavra de Deus em nossas vidas e torná-la infrutífera: os cuidados deste mundo e a sedução das riquezas. Ele destaca um tipo de pessoa que recebe a Palavra, mas não consegue se desvencilhar do que está à sua volta. Ele chama os prazeres da vida de "espinhos", porque, uma vez que estão fora dos padrões divinos, produzirão dores. Estes podem ser, em muitos casos, prazeres inocentes em si mesmos, proporcionados pela prosperidade mundana a quem a ela se entregar, os quais roubam todo tempo de relacionamento com Deus, desviam-nos do destino por ele preparado e sufocam a nossa fé, nos conduzindo à morte espiritual.

Não podemos ter dois senhores. Se cuidarmos dos deleites da alma e deixarmos de alimentar a chama do Espírito, o resultado é morte por asfixia. As coisas não terminam de forma errada, elas começam erradas. O que proporcionou a morte da semente foi tanto o local onde nasceu quanto a forma como cresceu (Mt 13.22). Temos que romper. Não há como viver uma vida piedosa estando ainda no meio do pecado. A semente cresceu sufocada, precisava respirar, mas os espinhos não permitiam.

Cada um dos três tipos de coração infrutífero é influenciado por um inimigo diferente: no coração endurecido, o próprio Satanás rouba a semente; no coração superficial, a carne simula sentimentos religiosos; e, no coração abarrotado, as coisas do mundo sufocam o crescimento e impedem a produção. Eis aqui os três grandes inimigos do cristão: o mundo, a carne e o diabo (Ef 2.1-3).

É POSSÍVEL SER CRISTÃO E NÃO CONSOLIDAR A SALVAÇÃO

Ao discorrer sobre os determinados tipos de solos que receberam a semente, Jesus falava sobre um arrependimento superficial. Essa parábola não se dirige aos que estão de fora. Devemos observar que todas as sementes brotaram, mas houve somente um tipo de solo onde a semente firmou suas raízes e progrediu. Jesus não estava falando para os ímpios, mas sim para aqueles que já se consideravam cristãos. Destaquemos três coisas importantes que devemos aprender com essa parábola.

1 - O Evangelho é para a salvação e não para a satisfação

"Digo-vos que assim haverá alegria no céu por um pecador que se arrepende, mais do que por noventa e nove justos que não necessitam de arrependimento." (Lc 15.7)

No afã de abarrotar as igrejas com cristãos, temos caído no desleixo de oferecer um Evangelho de satisfações sem a preocupação de um arrependimento. Não existe problema algum em dizer que somos felizes com Cristo, porque somos realmente felizes. Porém, o Evangelho não pode tratar apenas de felicidade. O problema de termos pessoas superficialmente convertidas em nossas igrejas é porque estamos oferecendo a solução sem antes ensinar o caminho da transformação (Pv 24.11; Hb 6.5-6).

A realidade que devemos ter em mente é que a cada segundo milhares e milhares de almas caminham a passos largos para o inferno. Se nossa mensagem não é suficiente para livrar das garras do inferno uma pessoa que certamente morrerá nas próximas horas, então algo existe de errado. As pessoas estão se afastando da presença de Deus porque estamos oferecendo graça sem lei (Palavra). Estamos a oferecer cura sem avisar ao povo que eles estão enfermos. Temos que falar que eles estão caminhando para o inferno e não importa se são felizes ou infelizes (Mt 7.13).

É comum as pessoas dizerem que não vem mais porque se ofenderam; outros dizem que se esfriaram. Que desculpa esfarrapada para a falta de conversão! Jesus disse: Assim, porque és morno, e não és frio nem quente, vomitar-te-ei da minha boca (Ap 3.16). Para ser vomitado deve-se estar na boca, isso prova que Jesus não fala para os ímpios. Os mornos acreditam que são salvos, eis aqui uma dura realidade (Tg 1.22).

Infelizmente, a tragédia do Evangelho moderno é que foi estabelecido outro caminho para que os pecadores pudessem vir a Cristo: o caminho da satisfação e a promessa de uma vida melhorada. Jesus disse que enquanto a Igreja dormia o inimigo semeou uma erva má (Mt 13.25). Durante cem anos, temos ensinado sobre a graça, porém, muitos se esqueceram de aplicar seu fundamento, a Palavra (1Tm 6.3-10; Tt 1.9; 2.1). O inimigo é paciente. Não importa se não celebra agora porque acreditamos ser cristãos de verdade, mas, no dia do juízo, ele se rirá de muitos que fizeram coisas tremendas, mas não tiveram tempo de curar suas próprias vidas.

Vivemos um tempo difícil, onde o temor do Senhor foi esquecido das santas doutrinas. Muitos pensam estar convertidos de verdade e essa parábola dita por Jesus nos ensina que precisamos rever nossos conceitos e voltar urgentemente para Sua Lei (Sl 19.7). Se o coração humano é um solo fértil, o cristão certamente produzirá os frutos de uma vida transformada. Todavia, não podemos esquecer o que foi dito por Jesus. O que matou a semente em todos os casos foi a ausência de "raiz" (Mt 7.21-23).

X

O LUGAR ONDE A JUSTIÇA DE DEUS SE MANIFESTA

"E não temais os que matam o corpo e não podem matar a alma; temei, antes, aquele que pode fazer perecer no inferno a alma e o corpo." (Mt 10.28)

"Pelo que diz: Subindo ao alto, levou cativo o cativeiro e deu dons aos homens. Ora, isto - ele subiu - que é, senão que também antes tinha descido às partes mais baixas da terra? Aquele que desceu é também o mesmo que subiu acima de todos os céus, para cumprir todas as coisas." (Ef 4.8-10)

AO DISCORRER sobre um assunto tão questionável e de difícil aceitação, precisamos, antes, observar algumas características especiais em Jesus Cristo. Talvez você não tenha atentado para o fato de que treze por cento dos ensinamentos de Jesus Cristo falam a respeito de julgamento e do inferno. Muitos não sabem que a pessoa que mais discursou em toda a Bíblia acerca do inferno foi Jesus Cristo. A partir dessa perspectiva, é impossível provar que o inferno não existe. Para que isso acontecesse, Jesus teria que ter mentido e Suas palavras cairiam por terra. Ninguém descreveu com tanta propriedade o inferno quanto Jesus. Por quê? Porque Ele foi o único que voltou de lá após ter entrado, tornando-se, assim, a única autoridade confiável sobre o assunto.

Mais da metade das parábolas proferidas por Jesus tratam do juízo de Deus sobre os pecadores. A palavra mais forte que foi usada para retratar o inferno é "geena" (lugar de suplício eterno). Ela aparece doze vezes nas páginas das Escrituras e Jesus a emprega onze vezes. Jesus fala trinta e oito vezes a respeito do inferno nos evangelhos, isto sem contar com as parábolas do joio e do trigo, da grande rede e outras que falam da separação entre bons e maus.

A forma do diabo enganar o mundo neste século foi convencê-lo de que o inferno não existia (2Co 4.4). Para algumas pessoas, o inferno não existe, para outros, o inferno é aqui mesmo. Mas para Jesus as coisas são bem diferentes da opinião humana. Ele fez questão de alertar que o inferno é real, que foi criado para o diabo e seus anjos. Todavia, por ignorar ou desconhecer as palavras de Jesus, o inferno está ficando abarrotado e muitos são engodados pela artimanha do inimigo e conduzidos para lá.

Perecer onde? No inferno. O que vai perecer lá? A alma e o corpo. Quem disse isso? Jesus (Mt 10.28). Então, não há motivos para desculpas de que o inferno é aqui mesmo ou que é somente ficção nossa. Se houve um Mestre que via o mundo sob o aspecto da eternidade, este foi Jesus Cristo. Essas palavras são características de todo ensino de Jesus. A seriedade extraordinária dos Seus mandamentos está intimamente ligada à alternativa da bem-aventurança ou miséria eterna. Tal alternativa é usada por Jesus a fim de despertar o homem ao temor.

Tudo o que Deus em Sua sabedoria ordenou e ensinou nas Escrituras é certo. Nesse caso, devemos nos cuidar para que não venhamos a odiar a doutrina do inferno ou nos rebelar contra ela; antes, devemos procurar, na medida do possível, chegar ao ponto de reconhecer que o castigo eterno é bom e certo, porque em Deus não há nenhuma injustiça.

Muitas pessoas se perguntam como pode um Deus amoroso enviar pessoas ao inferno. Na verdade, Deus não envia ninguém para o inferno. O inferno é opcional, é uma escolha de vida. Ele apenas honra a escolha feita por cada pessoa (Dt 30.19-20). Em lugar algum das Escrituras ensina-se que pessoas inocentes são lançadas no inferno. Para lá irão os rebeldes, os egoístas e os pecadores que não se arrependerem (Sl 9.17). Jesus não pintou nenhum retrato falso de um Deus complacente que compactua com o pecado. Ele foi claro em dizer que haveria um lugar de alegria eterna para os salvos e um lugar de eterno sofrimento para os que se perdem (Mt 25.46; Mc 9.43).

Quando o inferno é mencionado hoje, é ridicularizado, como se a ideia do inferno estivesse tão fora da moda que somente pessoas ingênuas e ignorantes viessem a acreditar em sua existência. Isto não é duro de compreender. Os homens naturais odeiam a ideia de prestar contas pelas suas vidas a um Deus santo, porque amam o pecado e desejam viver com ele (Rm 1.25).

ABRINDO OS OLHOS NO HADES

Só existem duas maneiras de se compreender perfeitamente os caminhos da eternidade: ou por revelação, que é algo pessoal e perigoso ao mesmo tempo; ou vindo da própria eternidade para esclarecer como funcionam as coisas por lá. Nesse caso, somente Jesus Cristo é credenciado para descrever o contraste que existe entre a vida e a morte.

Na parábola do rico e de Lázaro, Jesus deixa claro que a escolha feita na terra determina a vida futura; e essa escolha é definitiva. A sepultura não pode fazer qualquer milagre para mudar isso. A parábola nos ensina que ambos morreram (tanto o rico quanto o mendigo), e a partir daí o problema começou.

Eles apareceram em locais diferentes após a morte. O rico foi encontrado no "Hades" e apareceu atormentado pelas chamas. Lá seu título e sua riqueza de nada lhe valeram, não puderam interferir em seu destino. O único fator que poderia ter alterado seu destino seria a sua escolha durante a vida (Lc 16.22-25). O ensino de Jesus Cristo acerca do inferno nos direciona a ter o cuidado de não sermos pegos de surpresa em razão da morte. Ninguém pode determinar o tempo de sua participação nesta vida. Sendo assim, é preciso fazer uma escolha inteligente. O céu e o inferno são reais. O nosso destino eterno não depende de riqueza ou pobreza, mas de nosso relacionamento com Jesus. Não existe nada que desabone a conduta desse homem rico. Ele não foi direcionado para o inferno porque era rico. Seu pecado foi afastar-se de Deus. Ele vivia só para o presente. Era, de certo modo, egoísta. Assim, desprezou a salvação e o resultado foi esse: acordar no "Hades" em meio às chamas da desventura.

As grandes questões da vida humana foram expostas por Jesus de forma clara e objetiva. As duas mais frequentes são: para onde iremos e se existe vida após a morte? Jesus, certamente, chocou a consciência dos seres humanos, mas nada omitiu sobre o destino da alma. Seu objetivo foi frear o homem de seu caminho pecaminoso. A mensagem sobre o inferno visa despertar aqueles que pensam estar salvos, mas que, sem perceber, caminham a passos largos para o inferno.

O quadro de um leão pregado na sala não amedronta tanto quanto estar face a face com um leão de verdade. Assim é o inferno na visão de muitos. Existem coisas que não precisamos ver para poder acreditar, e o inferno é uma delas. Jesus já esteve lá (Ef 4.9). Se cremos em Jesus, isso já é o bastante. Não precisamos mais de prova alguma. Talvez se o homem rico pensasse nessa hipótese pudesse ter vivido de maneira mais responsável diante de Deus. Antes de dormir precisamos ter a certeza que está tudo bem com a nossa salvação. Esse foi o grande erro das virgens imprudentes (Mt 25.10-13).

As verdades apresentadas por Jesus

"E, além disso, está posto um grande abismo entre nós e vós, de sorte que os que quisessem passar daqui para vós não poderiam, tampouco os de lá passar para cá (Lc 16.26)

A parábola do rico e de Lázaro está recheada de pormenores acerca do inferno. A maior de todas elas é que o inferno é um lugar final, distante de Deus e sem retorno. Uma vez confinado ao inferno, jamais haverá como sair. Jesus fala de um abismo intransponível, onde a alma é lançada no término da vida.

O profeta Daniel faz uma triste descrição a respeito daqueles que já habitam no pó da terra (Dn 12.2). Se já não bastasse a forma como alguns devem ter morrido, pior será para muitos ressurgir para serem encaminhados ao lago de fogo. O pior castigo do inferno não será somente habitar em meio a todos os delinquentes de todas as eras em um lago de fogo sem fim. O que mais causará dor será estar em um lugar que tanto se ignorou. O inferno é um lugar de vergonha e desprezo eterno.

Um lugar distante de um Deus que deu todas as oportunidades para que se evitasse tal tragédia. As pessoas que lá residirem serão as pessoas que tiveram toda uma vida para decidir entre o certo e o errado, e não o fizeram. Desde então, deverão viver eternamente com a lembrança da chance desperdiçada. Alguns que, por um momento de fama, um momento de prazer ou um simples descuido, puseram tudo a perder, se deixaram enganar e não retornaram a tempo.

Se você puder imaginar um lugar onde não há paz, não há amizade e onde o amor é inexistente, esse lugar será o inferno. Um lugar onde as pessoas que mutuamente se trairam e se mataram irão viver juntas durante toda a eternidade. Pense em um lugar onde as pessoas se lembrarão de todos os momentos que viveram, até mesmo os que se desviaram? Esse é o inferno, um lugar onde todos se envergonharão, um lugar de eterna derrota, um lugar onde Deus não estará presente.

O INFERNO É UM LUGAR DE CONSCIÊNCIA E AMARGURA

A impressão que temos quanto ao diálogo entre o rico que havia morrido e o pai Abraão é que ambos estão vivos em outro nível de dimensão. Dá-nos a entender que existe uma eternidade com dois caminhos totalmente avessos, divididos por uma dimensão intransponível. O rico estava muito lúcido quando dialogava com o pai Abraão. É uma pena, pois muitas pessoas acham que ao morrer tudo se finda. Infelizmente, se enganam, porque o que vemos aqui é o oposto, a vida segue através da eternidade.

O rico falou, abriu os olhos, teve sede, sentiu o calor das chamas e ainda intercedeu pelos seus cinco irmãos. Ele não queria que seus irmãos se perdessem como ele, virou evangelista no inferno. Ele estava muito consciente para quem havia morrido (Lc 16.23-30). Jesus disse que o inferno é lugar de pranto, e estava certo (Mt 13.42). Aquele homem rico que sempre sorriu, agora estava lamentando as oportunidades que perdera em vida. A razão pela qual muitas pessoas não acreditam que o inferno é real deve-se ao fato de não se ouvir com frequência falar-se sobre o assunto.

O INFERNO E SUA REALIDADE

A distância de Deus torna o inferno um lugar sem misericórdia, isto porque Deus não estará lá nem intercedendo, nem dado oportunidades de mudança. Lá estarão todos aqueles que desprezaram todas as chances que lhes foram oferecidas. Infelizmente, o inferno é a lata de lixo da humanidade. Lugar dos irrecuperáveis, dos rebeldes, de todos os que vestiram a personalidade de Satanás. Aqueles que, como ele, desde o princípio não se firmaram na verdade (Jo 8.44). Por toda eternidade, eles caminharão num lago de fogo, onde não há descanso, nem saída, nem mais esperança.

A parábola do rico e de Lázaro nos apresenta os contrastes da eternidade. Ambos morreram. Para Lázaro foi ótimo, pois seu sofrimento terminou e foi encontrado ao lado de Abraão numa posição de gozo e de paz. Todavia, para o rico as coisas foram extremamente diferentes. Enquanto o sofrimento de Lázaro se findava, o seu apenas havia começado. Seria maravilhoso acreditar que os pecadores pudessem receber ainda uma segunda chance da parte de Deus, mas, isso não é o que nos ensina a Palavra. A paciência de Deus termina na porta do inferno (Ap 20.10-15; 21.8).

O AMOR DE DEUS REFLETIDO ATRAVÉS DO INFERNO
Como seres humanos, ficamos espantados em saber da existência de um lugar tão terrível quanto o inferno. No entanto, se o inferno não existisse seria muito pior. O inferno existe para que a justiça de Deus se manifeste. Deus o criou para punir o pecado. Se Deus não demonstrasse ira contra o pecado, se diria que Ele fechou os olhos para a maldade e ignorou as vítimas que clamam por Seu socorro.

O amor de Deus não tem prazer no mal. Sendo assim, Deus seria injusto se não punisse o mal. Sem o inferno os ímpios não se corrigiriam, e, por conseguinte, os justos não se arrependeriam. As pessoas que vão para o inferno se destacam por duas coisas: primeiro, por suas escolhas; segundo, por não ter uma identidade.

O NOME É O PASSAPORTE DE ENTRADA
Uma pessoa sem registro não vai a lugar algum, não negocia, nada faz, simplesmente não existe. Jesus denomina esse homem como "rico", apenas um título, não um nome. Quando os livros se abrirem no dia do juízo, os destinos serão traçados por apenas um detalhe: "o nome" (Ap 20.15). Felizes são aqueles que Jesus tem os seus nomes escritos na palma de Suas

mãos (Is 49.16; Mt 7.23).

Com uma nota falsa se pode comprar, negociar e ir a diversos lugares. O maior problema é quando essa nota chega ao Banco Central. Lá perceberão que ela é falsa e a colocarão fora de circulação. É exatamente isto que ocorrerá no dia do juízo. Muitos serão colocados fora de circulação. Enquanto puderam viver errantes, viveram, mas haverá um dia em que a justiça de Deus será estabelecida e não haverá mais uma segunda chance.

DEUS HONRA NOSSAS ESCOLHAS

João afirma que Cristo veio ao mundo não para que condenasse o mundo, mas para que o mundo fosse salvo por Ele (Jo 17.18). Deus não criou o inferno para os seres humanos (Mt 25.41b). Ele não tem prazer na destruição do homem. Seu desejo é que o homem venha ao conhecimento da verdade (1Tm 2.4), que se salve, que esteja com Ele para sempre (Jo 14.1-3). Da mesma maneira que entramos em um self-service e escolhemos os ingredientes que colocaremos em nossos pratos, assim é a escolha para a eternidade.

Sabemos discernir entre o que mata e o que dá a vida, sabemos discernir entre o certo e o errado. Uma pessoa que vai para o inferno é sem dúvidas um rebelde bem-sucedido, que conseguiu acertar em toda arte de errar. Existe uma diferença entre o que serve a Deus e o que não serve (Ml 3.18). Essa diferença foi nítida tanto na vida do rico quanto na vida de Lázaro, após a morte. Pode até não ser vista em vida, mas, com certeza, será o diferencial na passagem para a eternidade (Dt 30.19).

XI

ENTÃO VIRÁ O FIM...

"E este evangelho do reino será pregado em todo o mundo, em testemunho a todas as gentes, e então virá o fim." (Mt 24.14)

O QUE MAIS nos maravilha em Jesus é a precisão de Suas palavras. Ninguém descreveu o presente ou o futuro como Ele. Ao discorrer acerca do fim de todas as coisas e sobre o desfecho final da humanidade, Ele afirmou que a era presente terminará com cenas semelhantes às dos dias de Noé. Com detalhes precisos, Ele descreveu a intensidade dos acontecimentos. Falou de um período em que os homens se tornariam cobiçosos. Anunciou um tempo de ódio e de guerras entre as nações. Falou de traições, de fomes, pestes. Afirmou que a multiplicação da iniquidade provocará a frieza nos corações humanos e advertiu que a salvação só será alcançada por aquele que perseverar até o fim (Mt 24.12-13).

Ao responder a pergunta feita pelos discípulos sobre o fim de todas as coisas, Jesus deixou claro como elas aconteceriam e que tipo de sinais comprovariam a proximidade de Seu retorno. Cabe ressaltar que, sendo eterno e conhecedor de todas as coisas, Jesus procurou avisar Seus escolhidos para que se prevenissem e perseverassem enquanto contemplavam a veracidade de Suas predições (Mt 24.25). Mais de dois mil anos se passaram desde que fez esses anuncios, a partir de então, o mundo mudou, a consciência das pessoas tomou um novo rumo e os sinais que anunciou hoje são notórios a todos nós.

Quem viveu na época de Jesus jamais poderia imaginar que tais palavras fossem tão reais e comuns como são em nossos dias. Jesus falou de um mundo caótico e predatório, movido pela ganância e pela violência. Um mundo de líderes desequilibrados, que acreditam apenas na força de seu braço, que fabricam guerras, que pouco se importam com seu semelhante. Um mundo onde a segurança é praticamente inexistente, onde vivemos com a incerteza de saber se voltaremos ou não para nossas casas após a jornada de trabalho. Um mundo onde a cada dia a lei afrouxa e o braço da justiça se corrompe. E, o pior, Ele disse que isto que vemos hoje ainda não é o fim, é apenas o princíprio das dores (Mt 24.6, 8).

Já houve tempo em que a palavra era um título de crédito, no qual a palavra de um homem valia mais que uma escritura registrada em cartório. Mas, o pecado avançou no coração dos seres humanos e a infidelidade tornou-se um marco em nossos dias. Jesus disse que esses últimos dias seriam de desconfiança, de traições e aborrecimentos. Vivemos um período em que nosso maior desafio é ter que confiar em alguém. Falando ao jovem Timóteo, Paulo apresenta uma lista da qualidade de caráter de algumas pessoas nos últimos dias:

> *"Porque haverá homens amantes de si mesmos, avarentos, presunçosos, soberbos, blasfemos, desobedientes a pais e mães, ingratos, profanos, sem afeto natural, irreconciliáveis, caluniadores, incontinentes, cruéis, sem amor para com os bons, traidores, obstinados, orgulhosos, mais amigos dos deleites do que amigos de Deus." (2Tm 3.2-4)*

A MULTIPLICAÇÃO DA INIQUIDADE

"E, por se multiplicar a iniquidade, o amor de muitos esfriará."
(Mt 24.12)

A palavra "iniquidade" é a tradução do termo grego "anomina", que significa "contrário à lei, inimizade contra a lei". Jesus, então, deixa bem claro para os Seus ouvintes que a humanidade, que estaria vivendo nos últimos dias da história, seria "inimiga da lei" de Deus, ou seja, as pessoas desprezariam completamente os princípios morais e eternos envolvidos na Lei do Senhor, os quais têm como base sólida o amor.

Embora, uma grande parte do povo brasileiro, principalmente, nós, cristãos, não sejamos favoráveis ao casamento civil entre pessoas do mesmo sexo, o reconhecimento de casamento entre pessoas do mesmo sexo no Brasil como entidade familiar, por analogia à união estável, foi declarado possível pelo Supremo Tribunal Federal (STF) em 5 de maio de 2011. Desta forma, no Brasil, são reconhecidos às uniões estáveis homoafetivas dando todos os direitos conferidos às uniões estáveis entre um homem e uma mulher.

Por outro lado, temos ainda um alto volume de prostituição infantil, que é considerado tanto no Brasil quanto na Tailândia, e outros países, como uma desgraça maior que a perversidade de Sodoma. Aumentam as notícias de pedofilia praticada por religiosos, médicos, professores, diretores de creches e orfanatos. Por fim, aqueles que deveriam ser os exemplos da sociedade tornaram-se os principais vilões. O fim dos tempos se aproxima e com ele as heresias de Satanás. Pierre Weill, adepto do movimento Nova Era, refere-se a família como a época da lagarta, isto é, época que está desaparecendo e tomando uma nova forma. Ele discursa acerca da igualdade de posições do homem e da mulher na família da Nova Era e estabelece os seguintes conceitos: a troca de parceiros é benéfica no processo de divinização do homem; o casal deverá viver em núcleos comunitários onde seja permitido o sexo grupal; o sexo de se expressar nas mais diversas formas, tais como o homossexualismo, o lesbianismo, o bissexualismo, sexo grupal; a família será aberta, onde homem e mulher não se pertencem, os filhos terão mãe e o pai será desconhecido, será uma produção independente. A estratégia é confundir o papel do homem e da mulher dentro do casamento, através da moda unissex e do movimento de emancipação da mulher (1Tm 4.1-3).

A vinda de Jesus (o Dia do Senhor) será precedida por um desmoronamento total de todos os valores morais e uma aparente desintegração total do mundo. Mas, apesar de tudo, não se trata de um prelúdio da destruição, mas sim da recriação. O propósito eterno de Deus não é fazer desaparecer o mundo, e sim criar um mundo que esteja mais perto do desejo de Seu coração. A verdade essencial é que, seja como for o mundo, Deus não o abandonou.

Embora tudo isso pareça uma enorme desgraça e um caos total, nos surgem algumas verdades fundamentais de que Deus não abandonou o mundo e, apesar de toda sua iniquidade, o mundo ainda é o cenário no qual se desenvolve o plano de Deus. Deus não tem em mente seu abandono, Seu plano consiste em uma grande intervenção. Mesmo que o mal prolifere, jamais devemos desanimar, pois como disse o próprio Jesus, é mister que tudo isso aconteça (Mt 24.6).

UM TEMPO DE FRIEZA E APOSTASIA

"Nesse tempo, muitos serão escandalizados, e trair-se-ão uns aos outros, e uns aos outros se aborrecerão. E surgirão muitos falsos profetas, e enganarão a muitos. E, por se multiplicar a iniquidade, o amor de muitos esfriará." (Mt 24.10-12)

Da mesma forma que os sinais de trânsito existem para coibir acidentes nas estradas, os sinais de Deus existem para que possamos viajar pela estrada da vida e alcançar nosso destino com toda segurança. O desrespeito aos sinais, os dois caminhos, sempre resulta em prejuízos. Mas, existe uma sinalização muito mais importante que a das rodovias e pouquíssimas pessoas estão respeitando-a. Aliás, parece que a maioria não enxerga nem se interessa em enxergar os avisos divinos que se multiplicam a cada ano. Jesus falou sobre um tempo de apostasia. A relação que Jesus apresenta é inversamente proporcional: o crescimento da iniquidade implica no enfraquecimento do amor. Conforme cresce o pecado em suas mais variadas formas, da corrupção ao crescimento da miséria social, da pornografia a todas as formas de banalização sexual, a violência nas ruas e nos lares, o individualismo autocentrado e narcisista, esfria o amor genuíno e sincero no ser humano. Somos uma geração que vem desaprendendo a amar. Estamos vivendo a era da insensibilidade espiritual, onde em muitas igrejas a Palavra de Deus deixou de ser prioridade nos cultos. Muitos pregadores se tornaram "pop stars" e só sobem nos púlpitos por grande soma em dinheiro e para pregar em grandes eventos. Vivemos a era dos cantores que se tornaram artistas evangélicos, que fazem dos púlpitos palcos para receberem os aplausos da multidão. Vivemos a era dos canudos e diplomas, onde caráter não importa muito e a chamada não é mais suficiente.

Jesus falou sobre frieza espiritual e já estamos vivenciando isso em nossos dias. Muitos irmãos perderam o primeiro amor, porque seguiram na busca dos prazeres e riquezas que este mundo oferece. O mesmo Satanás que persuadiu Adão e Eva e, que ofereceu os reinos deste mundo a Jesus, tenta levar a cada um de nós a curvar-se diante dele em troca de favores dos mais variados, como riqueza, status e satisfação de desejos carnais. Jesus falou que esfriaria o "amor de muitos", não de "todos". É nesta pequena exceção que devemos nos incluir, mesmo que sejamos apenas um pequeno remanescente, mas um remanescente que não se curva diante dos baalins do mundo moderno.

A ANGÚSTIA DAS NAÇÕES

"Porquanto se levantará nação contra nação, e reino contra reino, e haverá fomes, e pestes, e terremotos, em vários lugares." (Mt 24.7)

De acordo com uma reportagem na revista Superinteressante, a velocidade e a duração desses fenômenos aumentaram 50% nos últimos 50 anos. O fato mais incrível é que alguns dos lugares mais atingidos por estes fenômenos da natureza em 2005 são locais reconhecidos pela busca do prazer e pecado. As praias da Tailândia eram conhecidas mundialmente pela prostituição infantil. Os avisos continuam e a natureza colabora com furacões no México, Califórnia, Tailândia e há pouco tempo na região Sul do Brasil. Inundações na Europa, seca inédita na Amazônia, aquecimento global, descongelamento dos Polos.

As tsunâmis trouxeram, além de espanto para a humanidade, um sublime aviso divino: "Deus está comandando a natureza e punindo o pecado da raça humana". Os geólogos chegaram a conclusão de que as tsunâmis provocaram um desequilíbrio nas placas tectônicas do planeta, ocasionando um disturbio nas estações do ano e provocando o abreviamento dos dias. Agora, pode ser inverno com sol descaldante, ou verão com neve absurda. Jesus declarou que os últimos dias seriam de difícil sobrevivência no planeta. E afirmou:

> *"E, se aqueles dias não fossem abreviados, nenhuma carne se salvaria; mas, por causa dos escolhidos, serão abreviados aqueles dias." (Mt 24.22)*

Fomes, epidemias e terremotos são elementos que caracterizam de modo especial a atual situação mundial. Eles são como que seu selo, sua marca registrada. Pela mídia, somos confrontados com a miséria da fome, a epidemia da Aids, os terremotos, os pavores, os maremotos e os atos de terrorismo, os quais não se concentram apenas em algumas regiões, mas se manifestam pelo mundo inteiro (Lc 21.11).

EMPOBRECIMENTO, FOMES E PESTES

Em cada sete pessoas no mundo, uma padece fome. Ela faz uma vítima a cada 3,5 segundos. Calcula-se que 815 milhões em todo o mundo sejam vítimas crônicas de grave subnutrição, sendo a maior parte mulheres e crianças dos países em desenvolvimento. Malawi, na África, enfrenta seca e a pior fome nos últimos 50 anos. Segundo o governo desse país, 70% da população de 11 milhões passa fome. O problema da fome que se alastra pelo continente africano é associado ao agravamento das guerras e epidemias, como o vírus Ebola e a Aids, que assolam vilas, cidades e nações inteiras.

Surgem novas epidemias, como a gripe aviária, que ameaça se transformar em pandemia, com a possibilidade de causar a morte de milhões de pessoas ao redor do mundo. O número de pobres não para de crescer e já chega a 307 milhões de pessoas no mundo. Um relatório da Unctad (Conferência das Nações Unidas para o Comércio e o Desenvolvimento), recentemente publicado, mostra que, nos últimos 30 anos, o número de pessoas que vivem com menos de um dólar por dia duplicou nos países menos desenvolvidos. Isso sem acrescentar a crise nos países e as doenças que ainda não foram catalogadas.

COMO NOS DIAS DE NOÉ

"E, como foi nos dias de Noé, assim será também a vinda do Filho do homem." (Mt 24.37)

A referência de Cristo aos dias de Noé revela a graça que salvará os perseverantes e a calamidade que irá surpreender as descuidadas multidões. Nos dias anteriores ao dilúvio, o povo ouviu a mensagem de salvação e foi avisado acerca da iminente destruição. Hoje, a mensagem de salvação é a mesma, mas, infelizmente, muitos serão pegos de surpresa por viverem apenas para si mesmos. Com toda certeza, os habitantes da Terra não davam crédito algum às predições de Noé. Ele recebia a transmissão divina verticalmente e as anunciava ao mundo na forma horizontal.

Hoje não temos mais Noé, mas temos a bússola, que é a Palavra de Deus, e que está à disposição de todos aqueles que queiram se dirigir por ela. Sabemos pela própria Palavra de Deus que a irreverência, a falta de arrependimento e a desconsideração da parte do homem em relação a Deus são os agentes causadores desses tipos de eliminação generalizada. Os sinais são como uma bússola e conforme vão se intensificando e o fim se aproximando, mais e mais profecias vão se cumprindo. Basta olhar atentamente para o que já se cumpriu como alicerce daquilo que ainda há de se cumprir. Isso independe de nosso querer, porque homem algum pode alterar o destino que Deus projetou.

A geração dos dias de Noé era violenta, promíscua e irresponsável. O coração de Deus se entristeceu, mas nem por isso deixou de oferecer uma chance de arrependimento. Durante cem anos, Noé avisou que o fim estava próximo, mas, eles viviam de festas, bebedices e prostituições. Jesus disse: comiam, bebiam, casavam e davam-se em casamento (Mt 24.38). Desde a criação do mundo, as águas do dilúvio estavam reservadas, até que a maldade dos homens encheu a medida da paciência de Deus e elas foram despejadas (Gn 1.7-8).

PREPARADOS PARA O FIM

"Porquanto, assim como, nos dias anteriores ao dilúvio, comiam, bebiam, casavam e davam-se em casamento, até ao dia em que Noé entrou na arca, e não o perceberam, até que veio o dilúvio, e os levou a todos, assim será também a vinda do Filho do homem." (Mt 24.38-39)

Jesus nos alerta para o fato de que Noé já havia entrado na arca. Sem que as pessoas percebessem, veio o dilúvio e tragou a todos. Devemos aproveitar enquanto a porta está aberta, porque depois que a porta se fechar não haverá como escapar do juízo divino. Noé viveu em uma terra seca onde nunca antes havia chovido. Mas, não é porque nunca havia chovido que Deus deixaria de cumprir Sua Palavra. Hoje estamos anunciando a vinda de Jesus e muitos estão ainda com o pensamento de que temos bastante tempo e que Ele ainda tardará. Porém, o fim já está determinado e pode ser a qualquer momento.

Jesus foi preciso em todos os detalhes que anunciam Sua vinda. Todavia, desde o inicio até o fim, não existem datas. Sabemos que Ele virá, mas o dia e a hora não sabemos. Ele disse que será como um relâmpago, repentino e inesperado. Disse que será como um ladrão da noite, não podemos descuidar. A mais perigosa das ilusões é acreditar que sobra tempo. Há coisas que não se podem adiar, porque ninguém sabe se viverá o amanhã (Mt 24.44).

ELE VEM COMO UM LADRÃO

"Mas o dia do Senhor virá como o ladrão de noite." (2Pe 3.10a)

O ladrão não envia uma carta na qual anuncia quando pensa assaltar uma casa. Sua arma principal em seus obscuros propósitos é a surpresa. Portanto, o dono de casa que tem coisas valiosas em seu lar deve manter uma vigilância constante. Mas, a fim de compreender bem esta imagem, devemos lembrar que a guarda que o cristão monta enquanto espera a vinda de Cristo não é a guarda do medo e a apreensão que paralisam. Trata-se de uma ansiosa expectativa do advento da glória e da alegria. Outra coisa importante: o ladrão não perde seu tempo roubando coisas sem valor. Ele calcula antes, se prepara e espera que todos estejam despercebidos.

Jesus virá com certeza, mas virá para buscar Suas pérolas de grande valor. Maior que o alerta da vigilância é a certeza de que Ele virá em busca daqueles que se valorizaram e não mancharam suas vestiduras. A hora da nossa morte é tão incerta quanto Sua vinda. Devemos estar preparados para qualquer uma das duas opções. Precisamos estar sensíveis para perceber o invisível e aproveitar as grandes oportunidades da vida. Não sejamos como a geração de Noé, que viu a arca, mas quando se deu conta já era tarde demais. Estamos vendo os sinais, não sejamos tolos a ponto de ignorar que o Senhor está às portas.

Pedro diz que os céus que vemos hoje se guardam para o fogo do dia do juízo (2Pe 3.7). Tudo está preparado, esse dia virá. Vivemos dias semelhantes aos de Noé. Dias que as pessoas fazem o mesmo. O dilúvio os surpreendeu. Jesus disse que o mundo será surpreendido, pois virá em um tempo em que a fé dos homens será quase inexistente. Muitos são convidados a essa união, mas, infelizmente, há poucos que se provam dignos de ser escolhidos para essa intimidade maior. Sua vinda será momentânea, num abrir e fechar de olhos (1Co 15.52a). Estejamos atentos.

Ele certamente virá

> *"Porque o mesmo Senhor descerá do céu com alarido, e com voz de arcanjo, e com a trombeta de Deus; e os que morreram em Cristo ressuscitarão primeiro. Depois nós, os que ficarmos vivos, seremos arrebatados juntamente com eles nas nuvens, a encontrar o Senhor nos ares, e assim estaremos sempre com o Senhor. Portanto, consolai-vos uns aos outros com estas palavras." (1Ts 4.16-18)*

Escrevendo aos tessalonicenses, Paulo descreve a maneira como os salvos se encontrarão com o Senhor nos ares. O texto diz que Ele virá nas nuvens e Seus pés não pisarão o solo. Quando esteve entre os homens, foi reputado como indigno, padecendo pelos pecados da humanidade. Agora, em Sua vinda, o mundo não é digno de recebê-Lo. Ele virá como Rei e somente Seus súditos fiéis o ouvirão e o verão. Destaquemos três coisas importantes; duas delas mostram o que irá acontecer e a terceira fala da maneira como devemos proceder.

1 – Seremos arrebatados

Paulo diz que Ele virá pessoalmente com alarido e voz de arcanjo, ao toque das trombetas de Deus e, no momento desse toque, a dispensação da graça se findará. Paulo afirma que os mortos de todos os tempos, que aguardam esse momento, ressuscitarão. Os túmulos serão abertos e haverá grande espanto no planeta. Os fiéis que estiverem vivos serão arrebatados e transformados nos ares (1Co 15.51-53). Nesse dia duas leis padecerão: a lei da morte e a lei da física. Paulo chama esse dia de "a bem-aventurada esperança" (Tt 2.13), o dia em que "seremos arrebatados, encontraremos o Senhor nos ares e estaremos para todo o sempre com Ele" (Jo 14.2-3).

2 – Somente os fiéis ouvirão

Ao proferir o Sermão do Monte, Jesus não revelou o dia nem a hora de Sua vinda, mas deixou claro que seria preciso vigilância. Ele citou o que aconteceu nos dias de Noé, onde muitos estavam desatentos e vivendo como bem queriam. Jesus disse que assim como o juízo foi repentino e, sem se dar conta, foram tragados pelo dilúvio, assim também será na Sua vinda. Jesus disse que "eles não perceberam", isto deixa claro que o arrebatamento será secreto, somente os salvos perceberão (Jo 10.27). Jesus disse que estando dois no campo, um será deixado e outro será levado. Isto afirma que além de ser secreto e repentino, o arrebatamen-

106 JESUS CRISTO

to será seletivo. Nem todos ouvirão o toque, somente aqueles que estiverem enquadrados nos padrões divinos. Haverá muitas surpresas nesse dia, pois quem ficou não poderá mais esconder o que realmente é.

3 - Esperar motivados

"Em que vós grandemente vos alegrais, ainda que agora importa, sendo necessário, que estejais por um pouco contristados com várias tentações, para que a prova da vossa fé, muito mais preciosa do que o ouro que perece e é provado pelo fogo, se ache em louvor, e honra, e glória, na revelação de Jesus Cristo; ao qual, não o havendo visto, amais; no qual, não o vendo agora, mas crendo, vos alegrais com gozo inefável e glorioso; alcançando o fim da vossa fé, a salvação das vossas almas." (1Pe 1.6-9)

Diante de tudo o que a Palavra de Deus nos apresenta, concluímos que todo cristão pode e deve crer que o Senhor Jesus voltará. Esta verdade é fundamental para a fé cristã. Sem ela, o cristão não tem esperança e a vida cristã se torna vã (1Co 15.14-19). O dia e a hora são coisas secundárias para a vida daquele que deseja servir. O Senhor enfatizou a preocupação com a devoção, com a dedicação do povo, com as obrigações e tarefas, mais do que com o conhecimento dos detalhes relacionados com o futuro (At 1.7). A vinda de Jesus não pode em hipótese alguma apavorar um salvo. Devemos viver motivados, alegres, deixando Cristo viver através de nós, porque quando esse momento chegar, apenas uma olhada em Cristo valerá por todas as afrontas e sofrimentos que já vivemos (1Jo 3.2; Ap 21.3-4).

XII

O MISTÉRIO DA CRUCIFICAÇÃO

"E disse-lhes: A vós vos é dado saber os mistérios do reino de Deus, mas aos que estão de fora todas essas coisas se dizem por parábolas." (Mc 4.11)

1 - O GRANDE MISTÉRIO DA CRUCIFICAÇÃO

"Isto é, Deus estava em Cristo reconciliando consigo o mundo, não lhes imputando os seus pecados, e pôs em nós a palavra da reconciliação." (2Co 5.19)

Talvez, a palavra mais perfeita para descrever a missão e o ministério de Jesus Cristo seja "reconciliação". Quando Jesus disse que se fosse levantado da terra atrairia homens e mulheres para si, estava se referindo a ser levantado numa cruz. O corpo de um Mestre desamparado, contorcendo-se em agonia e sangrando até a morte, é a revogação final e completa de nossa fuga de nós mesmos. O Calvário é um lugar insuportável, onde toda a maldade do eu miserável tenta manter-se contra Deus, "provocando, assim, o trovejar da ressurreição".

Por meio de Sua paixão e morte, Jesus tomou sobre si a doença essencial do coração humano e rompeu para sempre a amarra mortal da hipocrisia em nossa alma. Ele despojou a solidão de seu poder fatal ao viajar para a mais extrema solidão. Ele compreendeu nossa ignorância, fraqueza e tolice, concedendo perdão a todos nós.

Rompendo as barreiras do tempo, fez de Seu coração enternecido um lugar seguro para cada cínico derrotado, cada pecador mentiroso e cada abandonado com aversão a si mesmo. Deus reconciliou todas as coisas, tudo no céu e tudo sobre a terra, quando fez a paz por meio da morte na cruz (Cl 1.20). A cruz revela que Jesus venceu o pecado e a morte e que nada, absolutamente nada, pode nos separar do amor de Cristo.

Nem o impostor nem o fariseu; nem a falta de consciência ou a falta de paixão; nem os julgamentos negativos que outros fazem; nem a percepção degradada que temos de nós mesmos; nem o passado escandaloso ou o futuro incerto; nem os conflitos de poder na igreja nem as tensões no casamento; nem o medo, a culpa, a vergonha, o ódio de nós mesmos; nem mesmo a morte pode nos separar do amor de Deus, tornado visível em Jesus, o Senhor.

O sangue derramado na cruz é testemunha de que a salvação se encontra à disposição dos pecadores. Mesmo assim, alguns mistérios que envolvem a cruz ainda permanecem encobertos para muitos de nós. A cruz revela que Jesus fez muito mais por nós do que poderíamos imaginar.

O pecado adâmico

A partir de Adão, toda a raça humana foi infectada. Seus descendentes eram maus e perversos, espalhando a violência por todos os lugares. A Bíblia diz que Adão os gerou "à sua semelhança, conforme a sua imagem" (Gn 5.3). À semelhança de Adão, a humanidade ainda vive sob o domínio do pecado, pois, sendo descendentes de Adão, somos de uma mesma semente, com uma mesma imagem (Rm 5.12; 1Co 15.47-48).

Jesus e Sua missão

"Porque o Filho do homem veio buscar e salvar o que se havia perdido." (Lc 19.10)

Jesus Cristo veio a este mundo com uma missão definida: buscar e salvar o que se havia perdido. A Bíblia nos ensina que, a partir da queda de Adão, os seres humanos foram atingidos pelo pecado (Rm 5.12), e, destituídos da glória de Deus, passaram a ser gerados de semente corruptível e pecaminosa (Rm 3.23; Sl 51.5). Jesus veio resgatar essa essência perdida no Éden e dar ao homem condições de viver à luz de Sua maravilhosa graça. A Escritura o chama de "último Adão", e afirma:

"E, assim como trouxemos a imagem do terreno, assim traremos também a imagem do celestial." (1Co 15.49)

Antes de o pecado entrar no mundo não havia maldade nos seres humanos, o homem era puro, gozava de plena comunhão com Deus, mas o pecado fez separação entre o homem e Deus (Is 59.2). Na cruz, Jesus Cristo tornou possível o retorno a essa comunhão perdida. Ele foi a ponte que ligou novamente o homem ao Seu Criador. Na cruz, Ele não somente pagou a nossa dívida, mas aniquilou para sempre as acusações que eram contra nós (Cl 2.13-14).

Jesus sabia porque veio a esse mundo e o que tinha em mente é o que o torna tão maravilhoso para nós. No evangelho de Marcos, Jesus fala sobre os males do coração humano (Mc 7.21). Ele sempre se preocupou com a purificação interior. Sua obra sempre foi transformar o coração e fazer de cada um de nós um modelo de Si mesmo. Antes de efetuar Sua obra na cruz, Jesus passou por algumas torturas e alguns escárnios com detalhes ocultos. Cada

110   JESUS CRISTO

etapa apresenta uma vitória e uma conquista recebida por cada um de nós. A cruz vista por fora apresenta sofrimento e morte, mas, vista por dentro, revela liberdade e conquista. Examinemos item por item:

1.1 - Na cruz foi cravada a arrogância dos homens

"Então soltou-lhes Barrabás e, tendo mandado açoitar a Jesus, entregou-o para ser crucificado. E logo os soldados do presidente, conduzindo Jesus à audiência, reuniram junto dele toda a corte. E, despindo-o, o cobriram com uma capa de escarlate. E, tecendo uma coroa de espinhos, puseram-lha na cabeça e, em sua mão direita, uma cana; e, ajoelhando diante dele, o escarneciam, dizendo: Salve, Rei dos judeus! E, cuspindo nele, tiraram-lhe a cana e batiam-lhe com ela na cabeça." (Mt 27.26-30)

No relato de Mateus, após ser julgado e condenado pelos judeus, Jesus é levado para ser açoitado pelos soldados. Os soldados escarnecem de Jesus ao ponto de despi-lo, bater com uma cana em sua cabeça e cuspirem em sua face. Açoitá-lo era o que a lei impunha. Mas bater com uma cana em sua cabeça e cuspi-lo não fazia parte da sentença. O ato de cuspir não tem a finalidade de machucar o corpo, mas de degradar a alma. Ao humilhar Jesus, eles sentiram-se engrandecidos.

Quando uma pessoa cospe no rosto de outra, está enviando uma mensagem. Está dizendo que aquela pessoa é uma imprestável, insignificante como um verme. O ato de cuspir revela a condição do coração humano, revela a arrogância. Jesus não somente derramou Seu sangue em uma cruz, levou juntamente consigo para o Calvário toda a arrogância dos homens. Simão, o cireneu, até o ajudou a carregar a cruz, mas ninguém limpou Seu rosto.

Jesus foi até o fim, provando para toda humanidade que existe solução para a pior espécie de homem que houver nesse mundo. Isso é muito comum hoje em dia. Às vezes nos deparamos com pessoas que jamais imaginávamos que um dia pudessem se curvar diante de Deus. E, geralmente, eles se apresentam bem mais fervorosas do que nós. A cruz é fantástica por dentro e o que jamais poderíamos pensar que fosse possível, se torna comum por causa de Cristo.

1.2 - Na cruz foi sepultada a consequência do pecado

"E a Adão disse: Porquanto destes ouvidos à voz de tua mulher e comeste da árvore de que te ordenei, dizendo: Não comerás dela, maldita é a terra por causa de ti; com dor comerás dela todos os dias da tua vida. Espinhos e cardos também te produzirá; e comerás a erva do campo." (Gn 3.17-18)

Durante o escárnio, uma coroa de espinhos foi posta na cabeça de Jesus (Mt 27.29). Os espinhos são símbolos de maldição e da desobediência. Após Adão e Eva terem pecado, Deus amaldiçoou a Terra. Eles simbolizam a consequência do pecado (Pv 22.5). Aqueles homens jamais poderiam imaginar o que estavam desamarrando no mundo espiritual. O que para eles era uma brincadeira, para Deus era a quebra de uma maldição milenar sobre a Terra. Uma maldição que durante séculos assolava a humanidade.

Quando aqueles espinhos foram introduzidos na face de Jesus e misturados ao Seu sangue, toda a maldição da Terra foi extirpada e a humanidade foi agraciada por mais um milagre. Eles pegaram o fruto da maldição da terra e mergulharam no sangue de Jesus, que a tudo purifica.

1.3 - Na cruz nossas vestes indignas foram trocadas

Cristo não era merecedor de tal sofrimento. Ele não era culpado. Ele assumiu a posição e a sentença que foi decretada para cada um de nós. Mas Ele não reclamou. Foi zombado, escarnecido, torturado, cuspido e envergonhado, para que toda a humanidade pudesse ser livre e feliz. João nos afirma que a túnica que Jesus vestia era toda tecida de alto a baixo e não tinha costura (Jo 19.23).

As vestimentas na Bíblia simbolizam o caráter humano. Davi diz que a maldade é como um vestido (Sl 109.18). O caráter de Jesus era sem costuras. Ele era como Seu manto: perfeito, sem interrupção. Assim como os soldados tiraram Sua túnica e trocaram por outras vestes, Ele na cruz tirou Seu manto de perfeição única e vestiu-se com as vestes de nossa indignidade. Jesus não foi apenas envergonhado diante das pessoas, mas também diante dos céus. As vestes que levou para a cruz representam os pecados de todos nós. Ele se vestiu de pecados para que nos vestíssemos de Sua Justiça (Is 59.17; 61.10).

1.4 - Jesus cravou na cruz a cédula que era contra nós

"Havendo riscado a cédula que era contra nós nas suas ordenanças, a qual de alguma maneira nos era contrária, e a tirou do meio de nós, cravando-a na cruz." (Cl 2.14)

A multidão que assistia pensava que o propósito daquelas marteladas era cravar as mãos de Jesus no madeiro. Mas, entre Suas mãos e a cruz havia uma lista – a lista de acusação contra todos os nossos delitos diante de Deus. A cruz tem um grande significado. Na vertical, ela liga a terra ao céu, dizendo que acabou o abismo entre o homem e Deus. Na horizontal, Cristo com os braços abertos anuncia que agora nos tornamos amigos de Deus (Jo 15.15). A lista foi cravada no madeiro, não pode mais ser lida por nossos acusadores (Rm 8.1). As palavras não podem ser decifradas, o sangue de Cristo ensopou as letras e os pecados foram todos riscados.

1.5 - Jesus cumpriu as Escrituras bebendo vinagre

A porção preparada pelas mulheres de Jerusalém, cuja finalidade era entorpecer os que eram crucificados e, assim, atenuar a sensibilidade à dor, foi recusada pelo Senhor, porque Ele teria que sorver o cálice até as escórias. Eram nove horas da manhã quando Ele foi pregado na cruz. Seus perseguidores pensavam estar destruindo o templo acerca do qual Ele tinha falado em João 2.19, e tornado impossível sua restauração. Mas, na realidade, eles estavam lhe proporcionando a oportunidade de cumprir Sua grande predição.

Momentos antes de pregarem os cravos em Jesus, lhe ofereceram uma bebida. Marcos diz que era vinho misturado com mirra e Mateus diz que era vinagre com fel (Mc 15.22-23; Mt 27.34). A mirra e o fel eram sedativos usados para amenizar a dor. Ele recusou-se a ser sedado pelas drogas. Ele não fugiu da dor de Seu sofrimento. Mas, agora, em Seus últimos momentos na cruz, Ele diz: "tenho sede". O que realmente Ele queria que soubéssemos? Por trás da dor, João revela o motivo pelo qual o Senhor pediu água:

> "Depois, sabendo Jesus que já todas as coisas estavam terminadas, para que a Escritura se cumprisse, disse: Tenho sede." (Jo 19.28)

Jesus foi até o fim, cumpriu toda a Escritura. A Bíblia diz que, como um de nós, em tudo Ele foi tentado e por esse motivo conhece nossas fraquezas e se compadece de nós (Hb 4.15-16). Para cumprir a Escritura Ele bebeu vinagre. Será que faríamos o mesmo para cumprir Seus projetos?

1.6 - Jesus encurtou a distância entre nós e Deus através de Sua carne

"E Jesus, clamando outra vez com grande voz, rendeu o espírito. E eis que o véu do templo se rasgou em dois, de alto a baixo; e tremeu a terra, e fenderam-se as pedras." (Mt 27.50-51)

A distância entre Deus e nós é muitos simples. Deus é santo, é inacessível. Nós somos pecadores. Todavia, no momento em que Cristo rendeu Seu espírito e expirou, o véu do templo se rasgou de alto a baixo. O véu ficava diante do santuário, era um local que somente o sumo sacerdote poderia entrar, ele o fazia uma vez por ano. Era o local da "Shekinah" (a glória de Deus). Ao expirar, Jesus deixou-nos um grande presente: abriu-nos a porta de acesso a Deus. De acordo com o escritor aos Hebreus, o véu é igualado à carne de Jesus. Por conseguinte, o mesmo que aconteceu à carne de Jesus aconteceu também ao véu. Cristo nos consagrou um novo e vivo caminho, pelo véu, isto é, pela Sua carne (Hb 10.19-20).

2 - OS ÚLTIMOS INSTANTES DA CRUCIFICAÇÃO

Os últimos momentos vividos por Jesus revelam quem realmente era e o motivo pelo qual veio a este mundo. Durante Sua vida, Jesus cumpriu 332 profecias diferentes do Antigo Testamento, algo que seria totalmente impossível a uma pessoa comum. Ele utilizou Seus momentos finais para oferecer-nos a prova de que Ele era realmente o Messias. Quando lemos a Escritura, observamos que cada detalhe foi escrito antecipadamente (Jo 19.28).

O MISTÉRIO DA CRUCIFICAÇÃO   115

2.1 – Jesus lavou a terra com Seu sangue

Com detalhes precisos, João é o único que escreve o que aconteceu a Jesus no momento em que foi perfurado por uma lança (Jo 19.34). João não diz: "sangue e depois água", mas nos revela que ambos saíram juntos. Ao mesmo tempo em que Cristo derramou Seu sangue, a água veio de acompanhamento. O sangue sobre a terra representa a salvação universal, fala sobre o que precisava ser feito, aquilo que precisava ser pago, fala sobre a eterna redenção realizada por Cristo (Hb 9.12). Cristo aboliu para sempre os sacrifícios mosaicos e, em Si mesmo, nos aperfeiçoou para sempre (Hb 10.11-20). João diz: "sangue e água".

Isto significa que juntamente com o perdão vem a purificação de todo um histórico de erros. O apóstolo João diz que Ele perdoa e nos purifica de toda a impureza (1Jo 1.9). A água fala do derramamento do Espírito Santo. Ao derramar "sangue e água", Jesus estava dizendo: "é bênção completa". Derramo meu sangue para perdoar todas as falhas e deslizes humanos, mas envio meu Espírito para que a terra se encha do conhecimento de minha glória (Hb 2.14). Com sangue te comprei, mas com água te purifico.

2.2 – Sangue e água

O sangue é para a redenção, mas a água simboliza a vida. Jesus foi a rocha ferida para nos dar vida (Nm 20.1-11). A água que saiu da rocha ferida saciaria a sede daquelas pessoas que caminhavam pelo deserto em direção à Terra Prometida. Deus os libertou do Egito, mas jamais os deixou sem as provisões. Assim acontece com cada um de nós. O sangue e a água representam a salvação e a provisão e todos vieram diretamente do coração de Deus para Seu povo.

O sangue aponta para o sacrifício de Jesus por nós e a água aponta para o Espírito de Deus em nós. Precisamos de ambos, mas, infelizmente, algumas pessoas aceitam somente o sangue e se esquecem da água. Querem ser apenas salvos, mas não se deixam transformar por completo. Quando jorrou sangue e água ao mesmo tempo, Jesus queria dizer que perdoa, mas precisa moldar-nos à Sua semelhança. Algumas pessoas são salvas, mas não servem a seus propósitos. Existe um porquê de estarmos aqui. Ele poderia ter nos recolhido para Si no momento em que efetuou a salvação, mas não o fez. Ele espera que cada um de nós se conscientize de que não somos um fim em nós mesmos e temos uma missão a cumprir, pois, para isso fomos salvos.

2.3 – Está consumado

Ao estudar sobre Cristo e Sua obra redentora, ficamos perplexos com as maravilhas que realizou em nosso favor. Por alguns instantes, a cruz parecia uma derrota, mas o que parecia ser o fim de todas as coisas tornou-se o símbolo máximo do amor e da graça divina. A cruz continua a ser escândalo para muitas pessoas, mas para cada um de nós é o poder de Deus para salvação de todo aquele que nEle crê. Jesus sempre esteve muito consciente de Sua missão e, ao final, Ele pôde dizer: "Está consumado" (Jo 19.30).

Jesus foi até o fim. Ele concluiu o trabalho inigualável que lhe dera para fazer. Sua ressurreição foi a prova de que Deus ficou satisfeito. Ao morrer e ressuscitar, Jesus destruiu o poder da morte. Devido à Sua vida, Sua morte e ressurreição, o sepulcro perdeu seu poder, a tumba perdeu seu terror e a morte sua tragédia. Agora estamos seguros de que, porque Ele vive, nós também viveremos (At 17.28).

XIII

O MESMO JESUS

"E aconteceu que, indo eles falando entre si e fazendo perguntas um ao outro, o mesmo Jesus se aproximou e ia com eles. Mas os olhos deles estavam como que fechados, para que não o conhecessem." (Lc 24.15-16)

"Abriram-se-lhes então, os olhos, e o conheceram, e ele desapareceu-lhes. E disseram um para o outro: Porventura, não ardia em nós o nosso coração quando, pelo caminho, nos falava e quando nos abria as Escrituras?" (Lc 24.31-32)

EXPECTATIVAS ERRADAS nos causam frustrações e feridas em nossas almas, mas existe um antídoto maravilhoso que é a Palavra de Deus. Ela sempre nos faz compreender que, não importa as circunstâncias da vida, Jesus sempre virá ao nosso encontro e estará disposto a nos erguer.

Existem momentos tão difíceis na vida, que nos tornamos alvos da cegueira. Este era o terceiro dia de sofrimento na vida dos discípulos. Eles viram o Mestre ser preso, açoitado, crucificado e assassinado. Para eles era o fim de todo o plano remidor, para eles tudo havia terminado. De repente, Jesus lhes aparece e algo revelador e surpreendente começa a ser descortinado pelo caminho no qual se dirigiam.

O Mestre havia sido morto e a cruz dizia: primeiro o líder, depois seus seguidores. Em questão de momento, os discípulos também se tornaram foragidos, simplesmente porque faziam parte da liderança de Jesus. Passaram de heróis a vilões. O medo e a decepção se apossou daqueles homens que pelo caminho vinham discursando acerca de um projeto que parecia ter sucumbido até aquele momento. Suas expectativas com relação a Jesus se perderam. Cabisbaixos e tristes, eles se lamentavam no caminho de Emaús (Lc 24.15).

O MESMO JESUS...

É difícil acreditar como em apenas três dias esses homens se esqueceram completamente da fisionomia de Jesus. Ele parecia um estranho quando lhes apareceu. A Bíblia diz que era "o mesmo Jesus", mas eles o trataram como um forasteiro (Lc 24.15). Parece incrível, mas a decepção nos faz ignorar as coisas mais óbvias da vida e isto acontece até com aqueles que achamos ser os mais capacitados. Um grande exemplo foi João Batista, que testificou de Jesus (Jo 1.34), mas, ao ser preso e ver a morte, mandou perguntar se Jesus era o Messias enviado (Mt 11.2-3). As decepções podem encobrir a presença de Jesus.

Durante três anos e meio, os discípulos viveram ao lado de Jesus com a expectativa da liberdade. Israel estava sob o jugo romano e Jesus os fez acreditar que era o Salvador do mundo. Eles estavam convictos de que Jesus era invencível, imortal. Eles viram Jesus ressuscitar pessoas e dominar até as forças da natureza. Eles não conseguiam absorver a ideia de que seu herói pudesse morrer daquela maneira. Foi uma ducha de água fria em seus projetos de vida. Quando Jesus se aproximou, eles estavam com os sentidos totalmente encobertos, não o viram, estavam decepcionados (Lc 24.15-16).

Existem momentos que a vida parece ter nos pregado uma peça. Essas pessoas estavam de coração partido, seus projetos e sonhos foram frustrados. Eles estão conversando sobre o que ocorreu em Jerusalém, buscando uma resposta, querem uma explicação para tal decepção. É muito ruim acreditar em alguém que não cumpre o que prometeu, principalmente quando essa pessoa é o próprio Deus. Mas, é nessa hora que Jesus lhes aparece e faz a célebre pergunta: "Por que estais tristes?" (Lc 24.17). Assim como Jesus veio ao encontro deles para esclarecer suas dúvidas, é certo que virá a cada um de nós, nos momentos mais cruciais de nossas vidas. O texto é enfático quando diz "o mesmo Jesus". Isto porque Ele não muda, embora venhamos agir de forma diferente e incrédula em tempos angustiosos. Quando não souber o que Deus está fazendo, não fique desapontado, não procure desistir, seja paciente. Ele virá como veio até os Seus discípulos. Emaús significa: "águas quentes", lugar significante para quem acabara de tomar uma ducha fria.

FRUSTRAÇÕES NASCEM DE EXPECTATIVAS ERRADAS

Um dos maiores perigos da vida cristã é não possuir uma visão correta daquilo que Deus deseja realizar em nossas vidas. Geralmente as pessoas se desviam, se decepcionam e abandonam a Cristo, simplesmente por não discernir o trabalho que está realizando. Na conversa entre Jesus e os dois discípulos é revelado o motivo de toda a frustração. A esperança deles estava somente na libertação de Israel e mais nada (Lc 24.21).

Eles caminharam três anos e meio com Jesus e ainda eram cegos e egoístas. Eles pensavam que Jesus veio ao mundo apenas para morrer por Israel, um pequeno pedaço de terra do tamanho do estado de Sergipe. Ele veio salvar o mundo. Mas suas expectativas estavam desfocadas e lhes impediu de ver a grandeza de seu trabalho. Eram bons discípulos, tinham um bom coração, eram sinceros, mas tinham expectativas erradas. Esse, infelizmente, é o problema de muitos de nós. Nossa frustração decorre de pensarmos que o mundo gira em torno de nossas necessidades.

Devemos ter cuidado com as expectativas erradas porque podemos permitir que nossas frustrações encubram as respostas celestiais. Os discípulos foram informados que o sepulcro estava vazio. As mulheres estiveram lá e testemunharam que um anjo lhes havia aparecido, dizendo que Jesus estava vivo e ressurreto. Alguns discípulos foram ao sepulcro e constataram que era verdade o que se dizia. Mas, encobertos pela decepção, eles não creram no que ouviram (Lc 24.22-24).

Eles estavam com medo de serem desapontados outra vez. Nas horas difíceis muitos agem dessa forma e criam uma barreira de proteção. Eles precisavam renovar suas esperanças. Jesus, então, aparece para fortalecê-los na fé e romper de vez com as barreiras da incredulidade e insegurança que os possuía. Seria bom que anotássemos todas as vezes em que Deus falou conosco, para que, em momentos como este, nossa decepção não se transforme em incredulidade. Em tais momentos, a primeira coisa que nos ocorre é esquecer as promessas que nos foram feitas. Em seguida, somos tomados pela dúvida e, assim, nos afastamos da Palavra e nos voltamos para a dor da decepção.

Caso não sejamos despertados pela Palavra, poderemos ser poderosamente afetados pela depressão. Jesus conhecia a tristeza de seus corações e para libertá-los daquela angústia, abriu as Escrituras e começou a relembrar-lhes as promessas. Não é errado afirmar que o motivo de tanta frieza nos corações é a ausência da Palavra de Deus (Jo 8.32).

Muitas pessoas se afastam de Deus porque acreditam que Deus lhes prometeu algo e não cumpriu. Existem muitas pessoas em nossas igrejas, que pensam ter ouvido ao Senhor por meio de uma revelação, profecia ou visão, ou até mesmo, por acreditarem que Deus deve lhes dar aquilo que seus corações desejam. Devemos ter em mente que Deus é responsável por nossas necessidades, não por nossos desejos. Temos que saber a diferença entre o que queremos e o que realmente precisamos.

CURADOS PELA EXPOSIÇÃO DA PALAVRA DE DEUS

Relatemos agora o encontro entre Jesus e os discípulos naquele momento de dor. Jesus não reclamou por eles não acreditarem no sepulcro vazio, nem porque não compreenderam Seu projeto para suas vidas. Jesus foi até eles. Foi renovar suas esperanças, foi dizer-lhes que a história apenas havia começado e não terminado. A atitude tomada por Jesus nos revela um segredo para vencer as feridas interiores: Ele abriu as Escrituras (Lc 24.25-27).

Às vezes não compreendemos a existência de uma fornalha, de uma cova de leões, de um José vendido como escravo, de um Jó que é surrupiado por Satanás. Mas, se observássemos o fim de cada um deles e o propósito benéfico que a provação lhes trouxe, aprenderíamos a confiar em Deus e em Seus projetos.

Jesus sabia para o que havia sido chamado e o que deveria fazer. sabia que eles possuíam uma visão limitada e que ficaram ressentidos com Sua aparente derrota. sabia que o desapontamento fora causado por expectativas não satisfeitas e estava pronto a curá-los com expectativas renovadas. Ao abrir as Escrituras, Jesus lhes mostrou que tudo estava sobre controle, que nada aconteceu por acaso. Ele contou Sua própria história. Mostrou-lhes que os infortúnios e as tragédias da vida não são motivos para pular do barco.

Nos momentos de crise, se parássemos para ouvir em vez de questionar, nossa vida seria bem diferente. Conforme Jesus explica as Escrituras eles começam a ser renovados. A tristeza e a decepção cedem lugar a uma imensa alegria. Eles passam a desejar ouvir mais, ficam sedentos e pedem para que Jesus fique com eles. É importante entender que Jesus apenas abriu as Escrituras. Ele não cantou um corinho, não fez campanha de semanas para renová-los. Ele não lhes exigiu nada. Apenas relembrou o plano desde o início e isso desencadeou a chama em seus corações empedernidos.

O CONVITE PARA JESUS ENTRAR

Nos períodos de nossas frustrações, costumamos deixar Jesus de fora. É comum o desespero e a ausência de fé nos dias de grandes provações. Mas, se existe ausência de fé é porque a Palavra também está ausente. A fé vem pelo ouvir, logo, se não ouvimos, que fé haverá em nós? (Rm 10.17; Hb 11.6). Ao abrir as Escrituras Jesus motivou os corações daqueles homens, a fé foi renovada e Jesus foi convidado a entrar. Somente a fé nos faz acreditar que tomaremos posse daquilo que ainda não podemos contemplar. A fé os levaria a ver duas coisas: o cumprimento da promessa e Jesus, que até então, ainda estava encoberto aos seus olhos. Quer ver Jesus? Abra as Escrituras.

A Palavra de Deus é como um abismo que impulsiona o crente a querer mais de Deus, a ficar por longos periodos em Sua companhia. Ao abrir-se as Escrituras, os discípulos sentiram algo sobrenatural, seus corações começaram a arder. A Palavra de Deus é como um fogo abrasador que depura todas as mazelas da alma pecaminosa. Se Jesus está distante, é sinal que nos afastamos de Sua palavra e precisamos voltar a praticá-la. Eles caminhavam tristes, cheios de duvidas e incertezas, até o momento em que Jesus se aproxima e começa a lhes expor o que as Escrituras diziam a Seu respeito.

Todo e qualquer avivamento começa com a Palavra de Deus. As Escrituras iluminou de tal maneira aqueles corações que as frustrantes trevas da derrota tiveram que se retirar (Lc 24.32). Destaquemos três coisas que a exposição da Palavra provocou na vida desses homens, tanto em relação a si mesmos quanto em relação a Jesus.

A PALAVRA DE DEUS AQUECEU AQUELES CORAÇÕES

Quando a Palavra de Deus está sendo digerida, somos guiados pelo Espírito Santo a um mundo totalmente diferente do nosso. Somos convidados a transpor as barreiras do inimaginável e adentrar em uma atmosfera espiritual totalmente diferente de nossa maneira humana de viver (1Co 2.10). Ela nos faz ver o que a razão não pode contemplar (1Co 2.14-15). A conclusão é simples: "Escritura fechada, corações gelados; Escritura aberta, corações em chamas" (Lc 24.32).

A PALAVRA DE DEUS LHES ABRIU OS OLHOS

É interessante observar o que acontece com as pessoas em momentos de grandes decepções. No caso dos discípulos, fazia apenas três dias que Jesus havia morrido e eles já haviam se esquecido até de como Ele era. Jesus estava do lado deles e não perceberam quem Ele era. Todavia, quando Ele abriu as Escrituras, eles puderam notar Sua presença num simples gesto, no partir do pão (Lc 24.31). A Palavra de Deus nos torna sensíveis, nos faz sentir que Ele está conosco nas coisas mais simples da vida. O segredo para ver Jesus é abrir as Escrituras.

A PALAVRA DE DEUS OS FEZ VER JESUS NOS MÍNIMOS DETALHES

O tempo vivido com o Mestre apresentou para os discípulos algumas peculiaridades da pessoa de Jesus. Eles conheciam Sua maneira de sentar-se à mesa, Seu jeito de orar e a forma como partia o pão e agradecia ao Pai (Lc 24.30-31). O que nos faz conhecer se Jesus está presente em nossas vidas ou não é a convivência e o nível de intimidade que temos com Ele. Quando abrimos as Escrituras e deixamo-la fluir em nossas vidas, vemos Jesus nos mínimos detalhes. Assim, temos a certeza que Ele nunca nos deixará, mesmo que tudo prove o contrário.

Eram onze quilometros de caminhada até Jerusalém, que se tornaram curtos pelo privilégio da companhia. Ele contou-lhes uma história inesquecível, contou-lhes quem era e a razão de estar ali. Com o coração em chamas, eles não queriam deixá-Lo e O fizeram entrar. O Senhor precisa ser convidado. Ele não impõe Sua presença a um hospedeiro que se recuse a recebê-lo, mas se sente feliz onde recebe uma boa acolhida (Ap 3.20).

A ausência da Palavra de Deus deixa os corações desmotivados, gélidos e sem fé para prosseguirem em seus projetos. Porém, ao abrir as Escrituras, observamos a esperança renascer, a alegria retornar, o coração aquecer e Jesus estar presente quando tudo parece terminado. Jesus fez uma obra maravilhosa na vida desses homens. Renovou-lhes a esperança, aqueceu seus corações e abriu-lhes o entendimento para compreenderem as Sagradas Escrituras.

Referências Bibliográficas

BARCLAY, William. **Comentário bíblico do Novo Testamento.** Buenos Aires: La Aurora, 1984.

BÍBLIA. Português. **Bíblia do Culto.** Tradução de João Ferreira de Almeida. Rio de Janeiro: Editora Betel, 2015.

BRENNAN, Manning. **O evangelho maltrapilho.** São Paulo: Mundo Cristão, 2013.

GEBEL, Dante. **El inexplicable Jesus.** Disponível em: <http://river-church.org/326-el-inexplicable-jesus/>. Acesso em: 10 mar. 2016.

LUCADO, Max. **Ele ainda remove pedras.** Rio de Janeiro: CPAD, 2006.

_____. **Ele escolheu os cravos.** Rio de Janeiro: CPAD, 2005.

_____. **Gente como a gente.** Rio de Janeiro: Nova Fronteira, 2010.

_____. **Quando Cristo voltar.** Rio de Janeiro: Thomas Nelson Brasil, 2011

_____. **Sem medo de viver.** Rio de Janeiro: Thomas Nelson Brasil, 2009.

_____. **Simplesmente como Jesus.** Rio de Janeiro: CPAD, 2005.

_____. **Todo dia é um dia especial.** Rio de Janeiro: Thomas Nelson Brasil, 2007.

MCDOWELL, Josh. **Evidência que exige um veredito**. São Paulo: Candeia, 1989.

_____. **Evidências da ressurreição**. Rio de Janeiro: CPAD, 2011.

_____. **Mais que um carpinteiro**. São Paulo: Vox Litteris, 2011.

REVISTA JOVENS E ADULTOS. Rio de Janeiro: Editora Betel, ano 18, n.65, out. 2007.

_____. Rio de Janeiro: Editora Betel, ano 20, n.73, out 2009.

_____. Rio de Janeiro: Editora Betel, ano 25, n. 96, jul. 2015.

SILVA, Lindemberg. **Com um beijo me traíste**. Rio de Janeiro: Editora Betel, 2007.

_____. **Inferno**: uma eternidade sem Deus. Rio de Janeiro: Editora Betel, 2007.

Composto com as tipografias Adobe Devanagari e Trajan Pro.
Impresso no Rio de Janeiro em maio de 2016 pela Gráfica Grupo Smartprinter, em Avena 80 g/m².